L'EXPOSITION

D'ALSACE-LORRAINE

PAR

LE BRUN–DALBANNE

L'EXPOSITION

D'ALSACE-LORRAINE

L'EXPOSITION

D'ALSACE-LORRAINE

PAR

M. LE BRUN–DALBANNE

PRÉSIDENT DE LA SOCIÉTÉ ACADÉMIQUE D'AGRICULTURE
DES SCIENCES, ARTS ET BELLES-LETTRES
DE L'AUBE

TROYES

IMPRIMERIE ET LITH. DUFOUR-BOUQUOT
RUE NOTRE-DAME, 43 ET 41

1875

L'EXPOSITION

D'ALSACE-LORRAINE

—◆—

Messieurs,

Lorsque j'ai promis à la Société Académique de lui rendre compte de l'Exposition d'Alsace-Lorraine, j'étais loin d'avoir mesuré toute l'étendue de l'engagement que j'allais prendre. Les richesses accumulées dans le palais de la Présidence du Corps législatif sont si variées, elles sont si merveilleuses, qu'il faudrait leur consacrer, pour les célébrer dignement, plusieurs chants et plusieurs journées, comme aux épopées du Moyen-âge. Je ne m'en sens pas la force, et l'eussé-je, d'ailleurs, que vous n'auriez pas le courage de me suivre. Permettez-moi donc de me contenter d'un rôle plus modeste et de vous entretenir seulement des tableaux anciens qui ont le plus frappé mon attention.

L'Exposition du palais du Corps législatif, organisée par la Société de protection des Alsaciens et Lorrains, a été ins-pirée par une haute et patriotique pensée : coloniser l'Al-gérie, en conservant à la France ceux de ses enfants qui, nés en Alsace et en Lorraine, n'ont pas voulu abandonner la patrie qui leur était chère. A l'appel du comte d'Haussonville, président de la Société, tout ce qui est Français par le cœur a répondu : les uns, en offrant leurs collections et les richesses de leurs cabinets, les autres en accourant de tous les points de la France, afin d'apporter leur obole. Paris s'est senti revivre sous ce souffle généreux, il a oublié un instant ses douleurs et ses désastres, qui sont aussi les nôtres, et ce que les sauvages théories d'une fraternité menteuse lui avaient causé de ruines, a semblé disparu sous le courant réparateur d'une charité intelligente et de la véritable fraternité.

Seize salons, comprenant tout le rez-de-chaussée du palais de la Présidence, étaient occupés par l'Exposition, dans lesquels huit étaient entièrement consacrés à la peinture. Un neuvième avait reçu les dessins et les aquarelles, un dixième, toute la suite de l'histoire de Samson, par Decamps ; enfin, dans la grande galerie des fêtes, on avait réuni les portraits historiques, les sculptures, les manuscrits, les autographes, les incunables précieux et les reliures anciennes.

Au milieu du nombre et de la diversité des objets présentés, il était difficile d'établir de l'ordre et d'arrêter des catégories bien précises. Le Comité d'organisation n'a cependant pas reculé devant la tâche ; il avait donné la salle n° 4 à la collection de la duchesse de Galliera, provenant du palais de Brignolles-Salle à Gênes. Il avait affecté la salle n° 7 aux tableaux du duc d'Aumale ; la salle n° 9 à ceux de la comtesse Duchatel ; la salle n° 6 aux tableaux du xviii° siècle, enfin la salle n° 10 à ceux de l'école moderne. Les autres salles renfermaient les tableaux divers, et la salle n° 8, malgré ses grandes dimensions, était entièrement remplie par les statues, les émaux, les meubles anciens, les incomparables bijoux et les objets d'art appartenant à la famille de Rothschild.

La salle n° 4, abandonnée à la duchesse de Galliera, qui renfermait autrefois un certain nombre de tableaux du duc de Morny, était un peu sombre, bien qu'elle fût éclairée par le haut.

La salle n° 7, appartenant au duc d'Aumale, était très-simplement arrangée et ne laissait pas suffisamment voir à toute heure du jour les tableaux qui y étaient placés.

Quant à la salle n° 9, elle avait été très-coquettement disposée par la princesse de la Trémoïlle, fille de la comtesse Duchatel, pour mettre en valeur les admirables tableaux qu'elle renfermait, qui étaient au nombre de quinze seulement, mais tous de premier ordre et de premier choix.

Enfin, la salle n° 8 (la salle des Rothschild, comme on l'appelait) était parfaitement décorée et faisait admirablement valoir les riches vitrines, enlevées aux salons de la puissante famille.

La salle n° 5, qui avait reçu les tableaux de toutes les écoles anciennes, autrefois disposée par le duc de Morny, pour recevoir sa galerie, était éclairée par le haut et répandait un jour des plus favorables sur les tableaux qui y étaient placés.

Vous savez maintenant, Messieurs, où vous êtes, et si vous daignez me suivre, je vais vous conduire aussi méthodiquement que je le pourrai devant les tableaux qui m'ont le plus frappé.

Avant pourtant de vous les faire voir, puis-je ne pas dire un mot du public que nous allons rencontrer?

Le public est différent suivant les heures auxquelles on visite l'Exposition. Le matin, de neuf heures à midi, il se compose surtout des artistes, des amateurs sérieux, des critiques d'art, qui viennent étudier et prendre des notes. Il n'est pas très-nombreux et se trouve çà et là mêlé de quelques propriétaires ravis, qui amènent des amis devant leurs tableaux et leurs vitrines, ou qui viennent se consoler de leur absence en écoutant les louanges qu'on leur prodigue. On y voit aussi des dames, qui, pour ne pas être abusées, lisent à haute voix, au milieu d'un cercle féminin, des articles de journaux ou de revues, en présence des tableaux eux-mêmes. Si l'article est long, il faut passer, car bon gré mal gré, on verrait les tableaux avec les lunettes d'autrui, et qu'arriverait-il quand elles sont bleues ou noires?

De midi à trois heures, le public n'est plus le même. C'est le temps des personnes qui veulent connaître cette Exposition dont on dit tant de bien. Les visiteurs s'arrêtent aux premières salles, ils veulent tout voir, tout admirer. Ils trouvent que le livret n'en dit pas assez long sur les sujets et surtout sur les objets qui les frappent : les meubles, les pendules, les faïences, les bijoux, les miniatures, les éventails, les montres, les bonbonnières. Ah! s'ils l'avaient fait, que ce serait un autre livret!

A trois heures, nouveau public. Celui-là vient passer le temps, les hommes en tenue irréprochable, les femmes en robes de soie à tournures démesurées et à traînes qui n'en finissent pas. Elles viennent voir les autres femmes, comparer leurs toilettes et se faire admirer. Les hommes s'échappent de temps à autre, pour courir aux nouveautés arrivées depuis leur dernière visite; dès qu'ils les ont constatées, ils les regardent à peine et reviennent au lancé. La musique se fait entendre dans le jardin, tout ce beau monde quitte les salons et se promène en causant autour des pelouses, puis lorsque la dernière note est tombée, il remonte au plus vite dans ses voitures pour aller faire le tour du bois et gagner de l'appétit.

Le lundi surtout, où les entrées sont à cinq francs, la foule est énorme. C'est le jour du grand monde, mais ce sont les tableaux et les portraits qui regardent les visiteurs qui ne les regardent pas. On parle de tout ce qui intéresse, de l'événement du jour, des mariages nouveaux, des départs pour les eaux ou la campagne, on cause, on rit, c'est le *Hight-life*, le monde des salons, pour qui l'Exposition est un prétexte, les toilettes un but, et la critique mutuelle, mais polie et gantée, une occasion.

Je vous demande pardon de ces détails; vous m'avez demandé le tableau de l'Exposition, j'ai commencé par le cadre, j'arrive sans plus tarder au sujet.

I.

L'école italienne, la reine des écoles, n'est pas nombreuse au palais du Corps législatif. Je n'y ai guère remarqué qu'une vingtaine de tableaux. Cette disette des maîtres italiens tient à plusieurs causes. La première, c'est que bien peu de leurs tableaux ont été peints pour des collections privées, à moins qu'elles ne fussent de souverains ou de princes. Ensuite, les familles qui les possèdent depuis l'origine, étant italiennes, ne peuvent pas, d'après les lois de l'Etat ou des majorats qui les régissent, s'en défaire à quelque prix que ce soit, témoin le bruit qui s'est fait dernièrement à propos du *Joueur de violon* de Raphaël, appartenant aux Sciarra, et que l'on croyait vendu à la Russie.

La seconde raison, c'est que presque tous les tableaux italiens qui étaient en France, avant la Révolution, ont émigré soit en Angleterre, soit en Russie, ou ont été achetés par des musées; qu'il est très-rare aujourd'hui d'en voir paraître dans les ventes publiques, et que, lorsqu'il s'en présente quelques-uns, il se trouve toujours des Américains, des Anglais ou des Russes pour les couvrir de tant d'or ou de Banck-notes, que nos modestes fortunes reculent épouvantées.

Le duc d'Aumale a pourtant pu faire entrer de la galerie du duc de Nortwich, dans sa collection de Twickenham, un tableau de l'école Siennoise du xvᵉ siècle, qui représente des *Anges dansant*. De qui est ce tableau? On ne saurait le dire. Seulement il n'est guère qu'une miniature agrandie, peinte comme la plupart sur fond d'or. Les nimbes sont gravés. Les figures et les vêtements sont supportables. Quant aux mains et aux pieds, ils sont traités de cette façon sommaire qui indique le dédain de la nature, et me rend presque indulgent pour le *Couronnement de la Vierge*, provenant de la collection Campana, qui fait partie de notre musée et que j'ai pourtant été si heureux de soustraire aux regards en le remplaçant par une autre peinture. Ce tableau de l'école Siennoise, un des plus anciens de l'Exposition, s'y trouve sans doute à titre de date.

La *Sainte Famille* de Fra Angelico da Fiesole, appartenant au baron de Triquetti, est un grand tableau par la manière dont il est composé, encore qu'il soit petit par ses dimensions (19 centimètres de hauteur sur 29 cent. de largeur), il est de la plus étonnante conservation et d'une exécution pleine de charme. Les physionomies ont cette sérénité d'expression et les personnages cette simplicité, cette noblesse de maintien, qu'on rencontre dans le *Couronnement de la Vierge* du Louvre, et qui fait du maître angélique un peintre à part, semblant descendu du ciel, pour faire connaître à la terre les types surnaturels et célestes entrevus par lui.

La comtesse Duchatel, dont nous aurons souvent à parler, a exposé une admirable *Vierge* de Piero della Francesca. Dans un beau paysage, à l'horizon immense, aux lointains vaporeux et bleutés, la vierge est debout, elle adore les mains jointes, le divin *Bambino*, qui joue au bord de son berceau avec l'extrémité d'un ruban qui entoure son corps enfantin. Il est impossible de rendre les joies de la mère souriant à ce fils, dont la vue l'étonne encore et la trouble, avec plus de délicatesse et de sentiment. Les mains et la tête sont exquises et font contraste par leurs tonalités douces et transparentes avec la vigueur des vêtements et l'éclat du paysage.

Le dessin est ferme et précis, les raccourcis sont irréprochables. C'est l'œuvre d'un véritable maître qui a précédé de plus de trente années Léonard de Vinci et le Pérugin et fait entrer le premier dans la peinture, la perspective et l'harmonie des proportions. Ce tableau qui manque à la série des peintres primitifs du Louvre, et qu'il aurait, dit-on, pu acheter, est d'un haut intérêt pour l'histoire de l'art, en ce qu'il est peint en détrempe, sur un panneau enduit de plâtre, dont la blancheur transparaît au travers des légers glacis qui forment les ombres, les vêtements seuls étant empâtés.

Est-ce bien un portrait d'Antonello de Messine, que celui de ce gros garçon joufflu, à l'air placide et aux cheveux tombant en rouleaux sur les sourcils et autour de la tête? Il est permis d'en douter pour qui a vu et quelque peu étudié le *Condottiere* du Louvre, le *Calvaire* et le *Portrait d'homme* du musée Van-Ertborn d'Anvers. Dans ces trois tableaux, la touche est serrée et précise jusqu'à la sécheresse, et l'individualité des personnages exprimée avec une telle énergie, que dans le *Condottiere* notamment, le regard vous impressionne et vous pénètre jusqu'au fond de l'âme. Dans le tableau de la collection Duchatel, la touche au contraire est molle et le dessin enveloppé; il peut être l'œuvre d'un élève habile, mais il ne nous paraît pas appartenir au maître lui-même.

La *Joconde* de Bernardino Luini, du duc d'Aumale, me semble entachée de repeints; elle a évidemment souffert et ne peut pas donner l'idée de ce maître charmant qui est représenté dans l'Exposition par un délicieux petit tableau appartenant à M. Frédéric Reiset, directeur des musées de Paris. Il représente l'Enfant-Jésus assis, tenant la croix, le pied posé sur la pomme à demi-mangée, ayant à sa gauche le serpent mort. Bernardino Luini, qui a de belles fresques et plusieurs tableaux au Louvre, est un continuateur de la manière de Léonard de Vinci. Sans doute il n'a pas eu son génie, mais, comme lui, il a la grâce, la douceur et cette suavité qu'il a su lui emprunter en l'exprimant par un rendu plus simple, d'un sentiment plus pieux, plus intime, plus ingénu.

La Vierge et l'Enfant-Jésus d'Alessandro Filipepi, encore au duc d'Aumale, est d'un bien joli sentiment. Malheureusement elle a souffert et ne peut donner qu'une idée insuffisante de ce peintre exquis, de ce poète, dont l'âme mélancolique et troublée a donné à ses Vénus des grâces si étranges et à ses vierges un sourire si tendre et si douloureux.

La Sainte Famille, avec saint Pierre faisant pendant à saint Joseph, de Giovanni Bellini, qui appartient à la comtesse Duchatel, est un merveilleux tableau. La tête de la Vierge se ressent bien de quelques légères retouches, mais il est blond, il est doré et du plus admirable coloris. Il correspond à cette époque de la vie de Bellini où, entièrement maître de ses pinceaux, il a su fondre le sentiment religieux et naïf de Carpaccio, dans l'exécution plus ample et plus savoureuse de Giorgione. La galerie Pourtalès possédait de lui un superbe panneau appelé la *Vierge au Donateur*.

La Vierge et l'Enfant-Jésus, saint Pierre, saint Jérôme et un Donateur, de Palma le vieux, appartenant à M. Frédéric Reiset, est un tableau magnifique. Il est d'un beau coloris et exécuté avec cette morbidesse, cette suavité précieuse et caressée qui est le propre du talent de Palma. Les draperies sont du plus grand style. Elles rappellent celles qui enveloppent si noblement la *Sainte-Barbe de Santa Maria Formosa* de Venise, peinte d'après sa fille, la fameuse *Violante*, illustrée par le pinceau du Titien, qui en devint, quoique âgé, éperdûment amoureux, et qui est aussi belle, aussi fière, aussi majestueuse que si elle était idéalisée et qu'elle n'eût pas été faite d'après nature.

Le Saint-Antoine tourmenté par les démons, imité de Martin Schoën, est-il de Michel-Ange ? Il est trop étrange, pour que je puisse croire que ce puissant génie ait été emprunter un pareil sujet à un maître aussi fantasque

que Martin Schongauër. Puis, quelle maigre exécution et comment supposer que le grand-maître de Florence, le prodigieux auteur du *Tombeau de Jules II* et du *Jugement dernier* de la Sixtine, soit jamais descendu à de pareilles pauvretés, et lui qui disait fièrement : *Je traite le marbre en ennemi qui me cache ma statue*, comment n'aurait-il pas traité les Allemands en ennemis et les aurait-il copiés ? Ce sont visées d'amateur auxquelles il ne faut pas souscrire. On n'a qu'à voir son buste en bronze exécuté par lui-même, qui se trouve dans la salle n° 2, pour se détourner sans retour du Saint-Antoine du baron de Triquetti.

Le duc d'Aumale possède un Pérugin, la *Vierge et l'Enfant Jésus* ayant à sa droite saint Pierre et à sa gauche saint Jérôme. Il vient de la galerie de lord Nortwick. Il est assurément très-beau, mais ceux du Louvre, et principalement cette vierge ravissante tenant sur ses genoux l'enfant Jésus, entouré de sainte Rose, de sainte Catherine et de deux anges dans l'attitude de l'adoration, me gâtent tous les autres. Ainsi, dans la Vierge du duc d'Aumale, je trouve cette noblesse, cette pureté de dessin qui ont rendu le Pérugin digne d'être le maître de Raphaël, mais je n'y rencontre ni cette douceur de pinceau, ni cette transparence blonde et dorée des chairs qui font de Vanucci un peintre incomparable, bien digne d'être admiré même à côté du Sanzio. Puis je me souviens de ce délicieux *Sposalizio* de Caen et de l'admirable *Ascension* donnée à la ville de Lyon par Pie VII, et je ne sais plus guère regarder les Pérugin des galeries particulières, fussent-elles à des princes. Ce qui distingue ce grand maître, qui n'a pourtant pas transmis tous ses secrets à son disciple, c'est un coloris éclatant, monté, sonore et pourtant harmonieux, qui éblouit le regard en même temps qu'il le caresse comme le chatoiement des étoffes de soie. Puis quelle noblesse, quelle élégance dans les poses, quels airs de tête charmants, surtout dans les femmes et les anges, quelle grâce ingénue, quelle

délicatesse à la fois recherchée et austère, et comme Pérugin serait plus illustre encore si Raphaël ne l'avait pas suivi
et comme absorbé dans les rayons de sa gloire et de son
génie !

Nous voici arrivé au maître des maîtres, au divin Sanzio.
Il a, dans les salons du Corps législatif, trois œuvres au-
thentiques et toutefois d'une valeur inégale.

La première est une étude de grandeur naturelle de la
tête de sainte Elisabeth, peinte en détrempe pour *La Vi-
sitation*, jadis au palais de l'Escurial et maintenant au musée de Madrid. La toile est grosse, les coups de pinceau
énergiques et sommaires. Ils indiquent que Raphaël a
cherché l'effet plutôt que le rendu, car le tableau est de son
meilleur temps et se distingue par une couleur vigoureuse
qu'on ne rencontre pas dans toutes ses œuvres. Cette étude
appartient à M. Eugène Piot.

Quant au *Portrait de jeune homme* de la collection
Czartoryski, il est tout simplement adorable. Les critiqués
ne lui ont cependant pas manqué et l'on a même été jusqu'à
contester son authenticité. Cela tient à deux causes : la première c'est que la glace qui le couvre estompe la peinture
et l'affadit au point de la faire ressembler à un pastel ; la
seconde, c'est qu'il me semble que le portrait seul est de la
main de Raphaël et que le mur sur lequel il se détache,
ainsi que la campagne qu'on aperçoit au loin par une fenêtre
ouverte, ont dû être peints après coup. Mais la tête, le regard, les cheveux, la toque, les vêtements et les mains sont
bien du divin maître, et lui seul a pu dessiner avec cette
grâce, ce naturel, et peindre de ce coloris clair, léger, dia-
phane, cet élégant portrait. Ce qui ajoute à sa valeur, c'est
qu'il passe pour être l'image de Raphaël lui même, à cette
époque de sa vie, où sa physionomie ravissante de jeunesse
et de modestie enamourait partout les femmes sur son
passage.

Voici maintenant le maître tableau de l'Exposition, celui

auquel tout le monde court et devant lequel il faut stationner
et prendre son rang afin de pouvoir l'approcher, je veux
parler de la *Vierge de la Maison d'Orléans*. Ce n'est pas
qu'elle soit grande, 28 centimètres de hauteur sur 20 cent.
de largeur. Mais, en dehors du Louvre, qui peut se flatter
en France de posséder un Raphaël authentique et complet?
Ce n'est pourtant pas que ce tableau n'ait aussi sa légende,
mêlée comme toutes les légendes de lumière et d'ombre,
de succès et de revers. Qu'il nous soit permis de la dire,
quand ce ne serait qu'à titre de curiosité.

Il paraît que cette Vierge fut achetée en Italie pour Philippe d'Orléans, frère de Louis XIV. On raconte qu'un accident emporta une partie du fond du tableau qui laissait voir
une verte campagne par une fenêtre ouverte. Grand émoi
pour réparer le mal, et à quel pinceau s'adresser? On se
décida, après maintes délibérations, à envoyer le tableau
à David Téniers qui passait pour le copiste par excellence
et le pasticheur le plus habile à cette époque. Mais il n'était
qu'accessoirement paysagiste, et comment refaire un paysage
du xvi° siècle et de la main de Raphaël surtout? Téniers,
avec une incontestable dextérité, fit un rideau tombant et
ces modestes vases de terre, sortes d'ustensiles plus flamands qu'italiens, qui décorent la tablette du fond. La fenêtre et la campagne furent ainsi remplacées, et quelque
regret qu'en éprouva Monsieur, on dut conserver l'œuvre
de Téniers, par respect pour l'œuvre de Raphaël. On ne
pouvait pas y porter deux fois la main.

Après le Régent et le duc d'Orléans-Penthièvre, la Vierge
de Raphaël arriva à Philippe-Égalité qui ayant, un certain
jour de male chance, perdu au billard une somme énorme
contre M. de Laborde de Méréville, banquier de la Cour,
offrit, pour s'acquitter, de lui céder toute sa galerie. M. de
Laborde l'envoya à Londres et la revendit à trois grands
seigneurs anglais, le duc de Bridgewater, le comte de Car-
lisle et lord Gover, moyennant un million soixante-quinze

mille livres. Ceux-ci, après avoir choisi les tableaux qui leur plaisaient et se les être partagés, revendirent le surplus un million soixante-trois mille sept cent cinquante livres, de sorte qu'ils eurent pour onze mille livres environ un choix de tableaux dont la valeur était de plus d'un million. C'était simplement leur bénéfice, et, chose à jamais regrettable, il n'avait fallu que quelques billes malheureuses pour les faire perdre à la France.

Au nombre des tableaux vendus à l'amiable figuraient, à ce qu'il paraît, douze Raphaël dont une sainte Famille et trois Vierges. L'une d'elles était celle du duc d'Aumale. Achetée par M. Hibbert, en 1790, moyennant 13,125 fr., elle passa successivement dans les mains de M. Vernon, puis de M. De la Hante qui s'en dessaisit en faveur de M. Aguado. C'est à la vente de sa galerie, en 1843, qu'elle fut achetée par M. François Delessert moyennant 27,250 fr. Après sa mort, arrivée en 1869, ses enfants ayant vendu sa collection, le duc d'Aumale racheta la Vierge de la Maison d'Orléans au prix de 150,000 fr., plus les frais. Les faiseurs de calculs ont prétendu qu'elle lui coûtait à peu près 200 fr. le millimètre carré, comme si un tableau de Raphaël pouvait s'évaluer d'après ses dimensions.

Celui-là, d'ailleurs, peut d'autant moins s'évaluer, qu'il est impossible, en dehors des grandes collections publiques, de rencontrer une œuvre plus magistrale et plus précieuse, et qu'elle suffirait seule à l'illustration d'un musée.

Ce tableau représente la Vierge assise se penchant avec amour sur l'Enfant-Jésus étendu sur ses genoux et qui tourne la tête en regardant d'un petit air boudeur. La main droite de la Vierge soutient l'un des pieds de l'Enfant-Jésus qui porte ses deux mains au corsage de sa mère.

La Vierge de la Maison d'Orléans appartient à la seconde manière de Raphaël, à cette époque de sa vie où, s'éloignant de ses premiers essais, il s'affranchit du style du Pérugin qui enserrait son génie dans un dessin convenu et une ordonnance symétrique, qui n'était ni la vérité, ni l'idéal qu'il rêvait. Peinte en 1506, pendant le séjour que Raphaël fit à Urbin, son pays natal, pour mettre ordre à ses affaires que la mort de son père et de sa mère avait laissées à l'abandon, elle ornait, à l'époque où Vasari écrivait les vies des peintres italiens, la galerie de « l'illustre Guidobaldo, duc d'Urbin (1). » *La Vierge au voile du Louvre* fut peinte une année plus tard (2), et *la Belle Jardinière* en 1508, encore bien que les auteurs du Livret du Louvre aient cru lire, sur le bord de la robe de la vierge, la date de 1507 (3).

La Vierge du duc d'Aumale est surtout remarquable par un relief étonnant obtenu pour ainsi dire sans couleur, sans artifice de pinceau. Le panneau est à peine couvert, les ombres sont transparentes et légères comme si elles étaient pétries avec de l'ambre. Et les étoffes, la robe rouge de la Vierge, très-accentuée dans les parties ombrées, s'atténue jusqu'au rose le plus tendre lorsqu'elle est baignée par la lumière ; le manteau aussi est d'un bleu intense sous le bras et la main de la Vierge, mais il s'apaise insensiblement pour s'évanouir tout-à-fait dans un azur qui, peu à peu, devient vert. La manche est d'une belle couleur de brocard d'or effumé. Le voile paraît impalpable au milieu des cheveux de la Vierge d'un blond très-doux. Il n'y a que le rideau vert et le fond surmonté de la tablette aux vases flamands que je trouve terne, d'une pâte alourdie et d'une facture qui ne rappelle en rien la légèreté des premiers plans.

Quant à la composition, quel noblesse et quel charme intime ! Comme la Vierge enveloppe de son regard caressant et de son amour ce divin enfant, qu'elle soutient avec

---

(1) Vasari, *Vies des Peintres, Sculpteurs et Architectes*, t. IV, p. 212.

(2) Passavant, t. II, p. 64, 108.

(3) Ibid., p. 67 à 70.

respect de ses belles mains aux doigts effilés ! Et l'enfant, quelle merveille de dessin et de pose ! Que sa tête aux rares cheveux est expressive et charmante ! L'Enfant-Jésus vient-il de pleurer ? Sa mine attristée semblerait le faire croire, et son œil est encore chargé de la dernière humidité des pleurs. Il indique que Raphaël tendait à serrer de près la nature, et cet enfant boudeur, qu'il a certainement vu, qu'il a fixé pour l'immortalité sur un minuscule panneau, est bien un enfant véritable, qu'un peu plus tard il exaltera jusqu'à l'intelligence souveraine et l'idéale majesté de l'enfant-Dieu de la *Madone de Saint-Sixte*.

Nous sommes arrivé presque au terme des tableaux italiens, et ceux qui nous restent à voir ne nous arrêteront pas longtemps. Voici *le Christ au prétoire* de Mazzolini, provenant de la galerie de lord Nortwick, à la vente de laquelle le duc d'Aumale en fit l'acquisition au prix de 8,398 fr.

Le Christ couronné d'épines et couvert d'un manteau écarlate, vient de monter l'escalier du prétoire, qu'un vaste bas-relief décore, au bas la foule ameutée pousse des clameurs homicides. Toutes les figures, d'un fini incroyable, sont remplies d'expression, les accents et les poses sont naturelles, seulement la noblesse est absente, si ce n'est dans la personne du Christ. Le coloris est éclatant, mais il tire trop sur le rouge, on dirait d'une composition allemande relevée par la finesse et l'éclat d'un pinceau italien.

Les conservateurs du Musée du Louvre ont placé dans le Salon carré un *Portrait de Sculpteur* vêtu de noir et tenant une statuette de bronze. On prétend qu'il représente Baccio Bandinelli, peintre et sculpteur florentin, ami du Bronzino. S'ils avaient à exposer le *Portrait de Gentilhomme*, sorti du même pinceau, ils le mettraient aussi à une place d'honneur, car il est impossible de voir plus noble prestance, exprimée par un dessin plus magistral, un coloris plus exempt de recherche. Provenant de la galerie du prince de Canino, l'admirable portrait du Bronzino a traversé la collection Pourtalès. avant d'entrer dans celle de la princesse de Sagan, qui n'a pas cru l'acheter trop cher en le payant 93,000 fr.

Debout dans son cabinet, la main gauche appuyée sur la hanche, la main droite posée sur un livre entr'ouvert, que soutient une riche console, le jeune patricien, vêtu d'un pourpoint de soie foncée à crevés, une toque de velours sur la tête, regarde le spectateur avec cette dignité fière que le Bronzino a souvent donnée à ses modèles. Le dessin est serré, le modelé très-ferme, le coloris sobre et clair. On sent que le personnage est de race, car il est impossible d'imaginer plus grand air et plus noble attitude.

La duchesse de Galliera possède une *Assomption* de Lorenzo Sabbatini qui est peut-être le projet achevé de l'Assomption du Musée de Bologne, provenant de l'église *Degli Angeli*. Ce qui le ferait croire, c'est que les anges, qui sont ravissants, paraissent être le sujet principal et que la vierge a quelque peine à se faire voir au milieu du chœur nombreux qui l'enlève au ciel en chantant ses louanges. L'ordonnance du tableau est ingénieuse, les personnages sont bien dessinés et les raccourcis d'une grande justesse. Quant à la touche, elle est des plus délicates et se rapproche de celle du Parmesan. Seulement, je me demande pourquoi ce pinceau, si souple et si gracieux, s'est laissé entraîner à des tons bleutés, qui donnent presque un aspect de camaïeu à la peinture et lui enlèvent une partie de son charme.

Voici une *Jeune Femme* fière de son opulente beauté et des attraits qu'une robe montante, d'un gris argenté et soyeux, dissimule à peine. Elle tient un livre, mais c'est par contenance, car elle est avant tout heureuse de vivre et de se faire admirer. Pourquoi fatiguerait-elle ses beaux yeux à des lectures? Un joli petit épagneul est assis sur une table, près d'elle, que lui faut-il de plus? Un amoureux peut-être? Elle est si belle qu'il ne doit pas être loin. La gondole discrète les réclame pour les emporter hors de Venise, sur ces flots bleus qui entourent les îles fortunées que le soleil dore et empourpre le soir. Cet admirable portrait, qui a successivement appartenu au Régent et au comte de Pourtalès, a été acheté par Mme Lyne-Stephens 20,500 fr. Si, comme on le croit, il représente la fille de Paul Véronèse, on peut penser avec quel amour il a été peint par lui.

Je ne dirai rien du *Sommeil de Vénus*, d'Annibal Carrache, appartenant au duc d'Aumale; c'est un grand tableau de plus de trois mètres sur deux. La décadence est arrivée pour l'école bolonaise, et cette pâle imitation du Corrège nous laisse froid, car rien ne la relève, ni le dessin, ni le coloris.

Que je préfère cette *Vue de Venise* de Francesco Guardi, dont l'exécution est pleine de vivacité et d'entrain. Elève du Canaletto, il a peut-être moins que lui l'exactitude et la savante harmonie, mais il est plus vrai dans son abandon, plus original, plus vibrant, et si ce n'est pas toujours la Venise alignée et correcte de son maître, c'est la Venise vivante, avec son peuple remuant et bariolé, ses vaisseaux, ses gondoles et ses gondoliers chantant des barcarolles langoureuses, en conduisant au Lido les jeunes couples qui rient et murmurent toutes sortes de propos charmants au fond du *Felze*.

Ce beau tableau appartient à la comtesse Duchatel.

Si les Espagnols n'étaient pas nombreux à l'Exposition d'Alsace-Lorraine, au moins étaient-ils représentés par leurs deux plus illustres maîtres, Vélasquez et Murillo.

Mme Lyne-Stephens avait envoyé un admirable portrait de ce Philippe IV d'Espagne, qui ne fut certes pas un grand roi, quoiqu'il s'entendît chaque jour comparer au soleil, qui, au temps de son aïeul Charles-Quint, ne pouvait pas se coucher sur ses Etats. Il s'y coucha sous son règne, et s'il se fût prolongé, le soleil aurait peut-être fini par ne plus s'y lever, car jamais monarque indolent n'apprit avec plus d'insouciance, un matin, qu'il avait perdu le Roussillon; un autre matin perdu les Flandres; un peu plus tard perdu le

Portugal. C'était vraiment bien de ces choses-là qu'on s'occupait à la cour des Espagnes. Caldéron avait annoncé une comédie de *Cape et d'Épée*, on l'attendait ; et Vélasquez, le portrait de l'infant don Carlos, galopant, à l'âge de six ans, le bâton du commandement à la main, sur un grand cheval de bataille, et il était intéressant de savoir de quelle façon il s'en tirerait.

Il s'en tira merveilleusement le grand artiste, car il s'est essayé et a réussi dans tous les genres. Histoire sacrée et profane ; paysages historiques et réels ; portraits en pied et à cheval, d'hommes, de femmes, d'enfants, de vieillards ; chasses, batailles, animaux, intérieurs, fleurs et fruits. C'est au *Museo del Rey* de Madrid qu'il faut voir Vélasquez, et les soixante-quatre toiles qu'il renferme peuvent seules donner la mesure de ce prodigieux génie.

Quelques rares échantillons ont pourtant quitté l'Espagne et, grâce à M. Salamanca, nous pouvons contempler *Philippe IV* debout, vu jusqu'aux genoux et vêtu d'un riche costume rouge et blanc, qui étincelle et chatoie comme le brocard et les étoffes orientales.

Personnage et accessoires sont si vrais, qu'en s'isolant de l'extérieur, on croit que Philippe IV va marcher ou parler. C'est une seconde création, vraie comme la première, simple comme elle, et j'ose le dire, plus saisissante, tant la puissance d'imitation s'élève au sublime. Il semble que la nature, avec tout son prestige, soit passée de la réalité sur la toile, en traversant l'œil de Vélasquez et en guidant sa main. « Il
» avait, dit Charles Blanc, commencé par peindre le mo-
» dèle sèchement et crûment ; ensuite il tint compte des
» phénomènes visibles : il s'aperçut que la forme n'est pas
» abstraite, qu'elle est modifiée par la présence de l'air, que
» la couleur dépend de la distance des objets et de la lumière
» plus ou moins vive qui les frappe. Alors, il peignit la na-
» ture comme elle se présente à nos yeux pour ne les point
» blesser, pour leur plaire. Enfin, arrivé aux limites de la

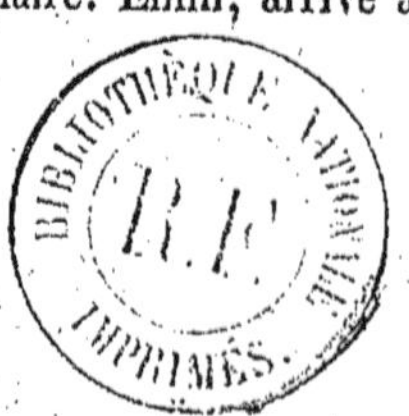

2

» perfection, il supprima les apparences de l'art, et il ne
» resta sur la toile que la nature elle-même (1). »

Rien ne peint mieux que ces lignes le beau portrait de
Philippe IV.

Le livret de l'Exposition annonçait sept tableaux de
Murillo. Est-ce préoccupation involontaire? Attrait des
œuvres environnantes? Aucun ne m'a frappé. Ce n'était
pourtant pas indifférence. Car l'auteur du *Miracle de San
Diego*, du *Christ à la Colonne*, de la *Sainte-Famille* et
de l'*Immaculée-Conception* du Louvre, est un peintre incomparable qui, avec son prestigieux pinceau, a passé en
revue la création, non-seulement telle que nous la voyons et
que Dieu l'a faite, mais telle aussi que certaines natures pri-
vilégiées l'entrevoient par delà les mondes visibles. Vélasquez avait été le peintre de la nature; Murillo fut celui de la
religion, car personne, pas même Raphaël, ne l'a surpassé
dans l'expression des extases de l'âme et du sentiment religieux qui transfigure la physionomie humaine et lui donne
ce rayonnement, cette auréole qui semblent venir des cieux.

Je voulais voir cependant le célèbre tableau du *Pastorcito*
(le petit berger) dont il a été beaucoup parlé dans ces derniers temps, à cause de son illustre origine : *Dado à
M. François Guizot, por la reyna de Espana*, et aussi de
l'aventure qui avait contraint son illustre possesseur à s'en
défaire.

Hélas ! que ma désillusion fut grande! Imaginez un Jésus
adolescent, représenté debout et se détachant sur un fond
d'arbres et de paysage ; vêtu d'une robe rose dont la partie
supérieure est recouverte d'une peau d'agneau, il tient de la
main gauche une houlette sur laquelle il s'appuie, et de la
main droite une brebis qu'il ramène au troupeau. La toile a
56 centimètres de haut sur 41 centimètres de large.

Est-ce là un tableau de Murillo? La reine Isabelle l'a cru,

---

(1) *Hist. des Peintres.* Vélasquez, p. 15.

puisqu'elle l'a donné à M. Guizot à l'occasion du mariage du duc de Montpensier avec l'infante d'Espagne. Mais quelle peinture doucereuse, monotone et sans accent! Quel dessin dépourvu de grâce et de caractère, quel coloris lourd et terne! Où sont donc, je ne dis pas les éclairs du génie de Murillo, mais seulement ses qualités habituelles, sa souplesse de pinceau, sa facilité à tout représenter? Ici le paysage est vulgaire, les moutons emmêlés, et Jésus n'a ni ce regard ouvert, pénétrant, à la fois vif et doux, ni cette noblesse que Murillo savait lui donner. Il ramène la brebis égarée au bercail, et à voir l'expression de sa figure, elle lui semble presque indifférente. C'est cependant lui, à qui tout obéit au ciel et sur la terre, qui s'est lassé à la poursuivre, et à force d'amour, à triompher de sa résistance. Puis Murillo, si varié, si chaud, si doré, si vaporeux, si éclatant et si radieux dans ses peintures, où le retrouver dans cette toile qui pourtant restera célèbre, parce que partie d'une main royale, comme témoignage de gratitude à un ancien ministre de France, elle a quitté son austère demeure pour l'accomplissement d'un devoir et la fière revendication d'une liberté à son insu enchaînée; enfin, qu'elle est allée se placer dans une galerie, qui a cru ne pas la payer trop cher en donnant 120,000 fr. qui sont peut-être un don généreux dont le nom de Murillo est devenu le prétexte.

A ce titre-là, je salue le Murillo de M. François Guizot.

J'arrive maintenant aux tableaux des écoles Flamande et Hollandaise.

II.

L'Italie, depuis la fin du xive siècle, avait su s'affranchir des formules rigides de l'art byzantin. Ses vierges étaient devenues plus humaines, plus tendres, ses pères éternels moins sombres et moins sévères; ils ne se contentaient plus

de juger, du haut de leur inexorable divinité, les pâles hu-
mains tremblants au pied de leur trône, ils daignaient
abaisser leurs regards vers eux et leur tendre des mains
miséricordieuses, quand tout-à-coup, dans une petite ville
des Flandres, jusque-là réputée seulement par son com-
merce, apparurent deux frères qui, n'acceptant que la nature pour modèle et pour guide, eurent la prétention de
s'élever avec elle aux plus hautes conceptions de l'art et à
la représentation des plus doux mystères de la religion.
Ces hardis novateurs étaient nés à Bruges et ne l'avaient
guère quittée. Ils se nommaient Hubert et Jean Van Eyck,
et avaient commencé, à force de recherches, par améliorer
les procédés de peinture à ce point qu'on leur a fait l'honneur d'une invention qui existait avant eux et qu'on croyait
pourtant qu'ils apportaient au monde, tant ils avaient su
en diminuer les difficultés et les lenteurs. Mais ce qui valut
encore mieux que leurs procédés de peinture, c'est qu'ils
regardèrent autour d'eux et qu'ils reproduisirent avec sincérité ce qu'ils voyaient. En consultant naïvement la nature,
ils rencontrèrent la forme humaine, sinon dans toute son
élégance et sa grâce, au moins dans sa vérité. Elle leur
donna les types avec leurs différents caractères : l'individualité, la vie intérieure, les humbles réalités du monde où se
meut l'humanité ; les campagnes comme elles sont, les
plantes telles qu'on les voit ; en un mot le paysage moderne
ainsi que nous le comprenons aujourd'hui et qu'il nous a
fallu quatre siècles pour retrouver, aux lectures des natu-
ralistes et des écrivains épris de la nature, tels que Jean-
Jacques Rousseau, Bernardin de Saint-Pierre et Châteaubriand.

Et toutefois ne serait-ce pas une erreur de croire que
l'art flamand, en descendant des hautes coupoles pour se
mêler à la foule, pénétrer dans les habitations, se faire tout
à tous, et, semblable au livre, courir de main en main en
apportant à celui-ci une espérance, à celui-là un souvenir,

à tous une joie ou une consolation, ait rien perdu de sa
grandeur? Non, l'homme est si grand par son esprit et son
cœur qu'il fait monter jusqu'en des régions supérieures ce
qui d'abord semblait n'être mesuré qu'à sa taille. Son regard se tourne vers le Ciel, et il en surmonte la hauteur; il
s'arrête aux spectacles plus modestes de la vie journalière
et il en fixe à jamais, et quelquefois pour l'immortalité, les
moindres circonstances, les plus petits accidents. L'art flamand est donc un reflet, un miroir, une image de la nature, un portrait de la vie réelle, et si ses madones n'ont pas
comme celles de l'Italie le prestige de la beauté idéale, elles
nous font voir, dans la familiarité de leurs types, et jusque
dans l'exactitude banale de leur costume, les vertus, les
tendresses de ces bourgeoises flamandes qui se font par-
donner leur laideur tant elles sont pures, maternelles et
ferventes dans leurs rôles de vierges; de saintes, de mères
de l'enfant Jésus, et dignement sincères dans les particula-
rités pénétrantes de leur vie.

Et comme si ce n'était pas assez compris et qu'il dût se
trouver un jour des incrédules qui ne sauraient pas démêler
la Flandre au milieu de ces Nativités, de ces Saintes Familles,
de ces Adorations des Mages à profusion répétées, la Vierge-
mère, l'Enfant-Jésus, les Patrons des familles, descendent
et vivent au milieu d'elles, ils semblent être leurs com-
mensaux, leurs hôtes habituels comme dans ce beau tableau
de la comtesse Duchatel dont nous allons maintenant parler.

Lorsqu'on veut connaître Memlinc, il faut aller à Bruges.
C'est là qu'est sa patrie et le pays favorisé de ses plus purs
chefs-d'œuvre. Nous, qui avons accompli trois fois ce pèle-
rinage, nous ne pouvons pas vous en parler ici, car ce
compte-rendu prendrait, malgré nous, des proportions inu-
sitées, tant le souvenir des belles choses que nous avons
vues à l'hôpital Saint-Jean et à l'Académie de Bruges est
vivant et nous impressionne encore. Aussi, je ne saurais
dire l'émotion que j'ai ressentie quand je me suis trouvé

tout-à-coup en présence de l'admirable tableau de la comtesse Duchatel. Le public, l'exposition, Paris, tout a disparu pour moi, je me suis cru transporté au Musée de Saint-Jean de Bruges, je revoyais la Sainte-Catherine, le plus beau sans contredit des tableaux de Memlinc, et il m'a fallu un véritable effort de volonté pour rentrer en moi-même et regarder le tableau que j'avais sous les yeux.

Figurez-vous la Vierge en manteau rouge et aux cheveux d'or, dont les tresses déroulées tombent sur ses épaules, à demi et comme timidement assise sur un trône en chêne sculpté, à baldaquin et à dossier élevé garni d'une étoffe de soie vénitienne à grands ramages. L'Enfant-Jésus, sans aucun vêtement, est assis sur ses genoux ; il bénit de la main droite et appuie sa main gauche sur un manuscrit ouvert que tient la vierge. A droite, saint Jacques debout en grand manteau, se découvrant respectueusement ; à gauche, saint Dominique tenant une croix processionnelle. Aux pieds de saint Jacques, agenouillé dans l'attitude de l'adoration, le chef de la famille, sérieux, recueilli, les mains jointes ; derrière lui, ses fils aînés sérieux aussi et comme absorbés dans la contemplation de l'Enfant-Jésus. Puis, aux derniers rangs, les jeunes garçons faisant effort pour imiter leurs parents, mais entraînés par la légèreté naturelle au jeune âge à des rires mal comprimés et à des mouvements involontaires qui vont être bientôt du bruit et de la joie, dès que la prière sera terminée.

A droite, les femmes également à genoux au pied de saint Dominique, avec la même décroissance dans l'expression des sentiments de piété, et au fond les têtes mutines et curieuses des petites filles, qui ne voient pas bien ce qui se passe, qui lèvent leurs jolies têtes pour mieux voir et qui voudraient retourner au plus vite à leurs ébats et à leurs jeux, car elles trouvent la prière un peu longue et le silence d'une tristesse trop prolongée.

Dans le fond, les colonnades d'une église ; au loin, la

campagne et quelques maisons qu'on entrevoit par les portes ouvertes.

Ce tableau peint il y a quatre cents ans, en plein règne de Louis XI, est d'une fraîcheur de coloris à défier la plus brillante des peintures modernes. Il y a dans ces groupes, sévères aux premiers plans, mais enjoués aux derniers, un charme pénétrant qui vous attire et vous mêle à cette pieuse famille, couronnée par ces bouquets de minois éveillés et souriants, qui sont là par obéissance et qui ajoutent à la scène je ne sais quel parfum d'innocence et de candeur qui vous touche, et vous va droit au cœur. Puis, quel naturel exquis, quelle souplesse de dessin, quelle vérité d'expression, quelle suavité de pinceau! Qui a montré à Memlinc à peindre ainsi? Ce ne sont certainement pas les Van Eyck, qu'il a pu à peine connaître et dont il n'est en quelque sorte que le petit-fils, puisque leur élève direct fut Rogier Van der Weyden, qui avait peint pour un conseiller de Philippe-le-Bon, duc de Bourgogne, ce magnifique polyptique des sept sacrements que M. Pirard, dernier président du Parlement de Bourgogne, avait conservé pieusement chez lui, à Dijon, jusqu'en 1826, époque à laquelle il mourut, laissant des héritiers qui n'eurent pas assez d'intelligence et de patriotisme pour sinon donner, tout au moins vendre à l'une de nos collections nationales ce bijou de l'art primitif flamand. Ce fut M. Van Ertborn d'Anvers, en tournée de collectionneur, qui l'acheta pour le léguer au musée de sa ville natale. Ce qui fait que ce tableau, qui nous appartenait à tant de titres, est à jamais perdu pour la France et qu'il est aujourd'hui au Musée d'Anvers.

Mais je reviens à la vierge de Memlinc, qui mérite qu'on note, en passant, son histoire. Des Flandres, d'une église peut-être de Bruges, pour laquelle elle avait été peinte, car c'était un usage au xv° siècle, pour les familles riches, d'avoir dans les églises des chapelles qu'elles ornaient à leur gré et dans lesquelles elles étaient réunies après la mort, le tableau fut emporté en Espagne. C'est là que le général d'Armagnac le trouva en 1810. Fut-il pris par ses soldats? Lui fut-il donné? Fut-il acheté par lui? Cela n'importe guère aujourd'hui. Ce qui importe, c'est que le vieux serviteur de l'Empire, s'étant fixé à Bordeaux en 1820, apporta le tableau avec lui, l'entoura de soins jaloux et le conserva dans sa chambre sans permettre à qui que ce fut d'en approcher hors de sa présence. Telle était la consigne fidèlement observée. Aussi, lorsque le comte Duchatel, vers 1860, entendit parler de ce tableau, il lui fallut faire un siége en règle pour aborder le vieux général et arriver jusqu'à son chef-d'œuvre. M. Duchatel était un fin connaisseur ; il fut émerveillé, et dix mille francs furent bientôt le prix de cet admirable Memlinc que le Louvre ne paierait pas ce qu'il vaut, si la comtesse Duchatel consentait à le lui céder pour cent mille francs.

Ce qui fait sa valeur inestimable, c'est son étonnante conservation. Ainsi, le Mariage de Sainte-Catherine, le plus beau tableau de Bruges, a subi en 1826 une restauration qui a laissé des traces visibles sur quelques draperies et dans certains accessoires, tandis que, depuis sa sortie d'Espagne, en 1810, le grand panneau de la comtesse Duchatel n'a jamais été ni touché ni même regardé par un restaurateur de tableaux, en sorte que s'il a quelques restaurations, elles sont invisibles et émaillées comme le reste de la peinture.

J'oubliais d'ajouter que ce tableau de 1 mètre 30 cent. de hauteur sur 1 mètre 57 cent. de largeur, est de la plus grande dimension qu'ait abordée Memlinc, et qu'il n'y a que le Mariage de Sainte-Catherine et le Saint-Cristophe de Bruges qui soient d'une égale grandeur.

Le pinceau de Memlinc était si fin et si précieux, que les petits panneaux convenaient mieux à son talent. Ainsi, chacun des huit panneaux de la châsse de sainte Ursules, la plus célèbre, sinon la meilleure de toutes ses œuvres, n'a que 35 centimètres de haut sur 25 centimètres de large, et nous trouvons à l'Exposition d'Alsace-Lorraine un second Memlinc appartenant à M. Gatteaux, qui n'a que 25 centimètres de hauteur sur 16 centimètres de largeur.

Il représente un sujet qui était cher aux artistes des xv° et xvi° siècles, le Mariage de Sainte-Catherine. La vierge est assise sur un trône, au milieu d'une verte campagne ; elle tient sur ses genoux l'Enfant-Jésus qui passe l'anneau des fiançailles au doigt de sainte Catherine, agenouillée devant lui. Elle n'est pas seule, elle est entourée de la donatrice assise à droite, un livre à la main, de sainte Cécile, de sainte Agnès, de sainte Lucie et de sainte Marguerite, qui, vierges comme elle, ont résisté à toutes les offres et à toutes les séductions, richesses, puissance, couronnes même, pour demeurer, comme elle, fidèles au divin époux.

Ce ravissant panneau a malheureusement un peu souffert dans certaines parties, et le pinceau du maître est si délicat et si léger, que les moindres retouches suffisent pour troubler la transparence de son coloris. Ainsi, la robe de la vierge me paraît entachée de quelques repeints ; le ciel est lourd, il a perdu la couleur légèrement crépusculaire passant du bleu foncé aux nuances rosées d'un horizon que le soleil vient d'abandonner, auquel se complaisait l'âme mélancolique et tendre de Memlinc. Les premiers plans sont également altérés, ils n'ont plus leur fermeté première, et je n'y trouve pas ces jolies fleurettes, ces pensées, ces boutons d'or, ces marguerites, que Memlinc peignait à miracle et qu'il y semait à profusion. Tous les violets surtout me paraissent avoir été remontés et ne sont plus en harmonie.

Il ne faut cependant pas trop se plaindre, car c'est merveille si ce charmant tableau existe encore. Il faisait, depuis longtemps, partie de la belle collection de M. Gatteaux, membre de l'Institut, qui habitait, rue de Lille, une maison à deux étages, remplie du haut en bas de remarquables objets d'art, réunis avec soin, choisis avec discernement, et qu'il destinait au Louvre. On était sûr d'être favorablement accueilli, dès qu'on frappait à la porte au nom de l'amour des belles choses, et du désir de les étudier et de s'y instruire. Mais l'infâme commune, soudoyée par l'or de la Prusse, qui, après avoir écrasé la France, voulait encore la déshonorer, en lui faisant détruire de ses propres mains la capitale qu'elle lui enviait, mit le feu à la maison de M. Gatteaux. Peu d'objets échappèrent, et si le tableau de Memlinc n'eut pas le sort des autres tableaux, c'est parce qu'il avait été confié à M. François pour en faire la gravure, et que la maison de l'éminent artiste fut épargnée.

Nous en connaissons un autre encore dont nous parlerons quelque jour, qui courut les mêmes dangers. La cour de la maison de l'artiste, qui lui faisait adapter un cadre, fut remplie de tonneaux de pétrole et de matières inflammables qui devaient l'anéantir. Le feu y fut mis, mais il n'eut pas le temps de prendre et fut éteint par ces braves soldats, qui sauvèrent du même coup Paris et l'honneur du nom Français. En sorte qu'il semble qu'il soit dans les destinées des œuvres si rares de l'incomparable Memlinc, d'échapper aux plus menaçants désastres et qu'une protection spéciale les couvre depuis quatre cent ans, puisqu'elles ont toutes été exécutées entre 1460, époque de sa floraison, et 1495, année de sa mort.

Nous disons que les tableaux de Memlinc sont rares, non pas qu'on n'en rencontre un certain nombre qui passent pour être de lui. Ainsi, le Musée royal de Munich croit en posséder plus qu'il n'en a réellement. Le Louvre n'a que deux petits panneaux, mais bien véritables, qui lui proviennent de la galerie de l'ancien roi de Hollande. Le Musée de Bruxelles vient de dépenser vingt-deux mille francs pour un faux Memlinc que M. Casimir Perier a évité, ainsi que notre excellent ami M. Julien Gréau, qu'on ne peut pas facilement abuser. Il n'est donc pas étonnant que dans quelques collections célèbres on écrive le nom de ce maître recherché au bas de panneaux très-méritants d'ailleurs, peints dans son style et sa manière, seulement longtemps après que la mort avait brisé les pinceaux du vaillant artiste.

C'est le cas des deux charmants tableaux de la duchesse de Galliera, intitulés : l'un la *Nativité*, et l'autre la *Vierge à la cuillère*. La peinture de Memlinc est plus facile à reconnaître qu'à définir. Elle se compose de tons clairs, lumineux, éclatants, toujours en harmonie, sans nul mélange de nuances sombres, dont plus tard le roi a été Rembrandt, qui en a fait jaillir la lumière par des effets et des oppositions, qui sont le triomphe du clair obscur. Memlinc avait-il gardé quelque chose des anciens procédés de peinture pour les faire concourir dans une certaine mesure avec les nouveaux procédés des Van Eyck ? C'est ce qu'il serait assez difficile de préciser aujourd'hui, à moins d'imiter le courageux duc de Luynes et de sacrifier un panneau de Memlinc, comme il n'a pas hésité à le faire de plusieurs vases italo-grecs, ornés de peinture, afin d'analyser, non-seulement la terre dont ils étaient composés, mais encore la substance des peintures qui décoraient leur surface. Ce qui est hors de doute, c'est que les tableaux de la duchesse de Galliera sont bien entièrement peints à l'huile, toutefois on n'y rencontre ni ce coloris clair ni cette succession de petites touches fines, déliées, fondues, qui appartiennent aux miniaturistes et que Memlinc a transportées sur ses panneaux avec une incontestable sûreté de main, en s'élevant progressivement jusqu'à la grande peinture, comme dans l'*Ex-Voto* de la comtesse Duchatel.

Voici encore un tableau de la même école, il représente un duc de Bourgogne, suivi d'hommes d'armes accompagnant une châsse que portent quatre personnages vêtus de longues robes. Un nombreux clergé, prêtres, chantres, enfants de chœur, assistants, reçoit le cortége sur le seuil d'une église, et, comme la translation des reliques que ce tableau représente serait demeurée sans effet sur l'esprit des populations si le diable ne s'en était pas mêlé, on l'aperçoit dans le fond, au milieu des flammes d'un incendie qu'il a allumé pour se venger des honneurs rendus à un saint qui avait su le vaincre.

Attribué à Thierry-Bouts, qui, né vers 1391, mourut en 1475, il rappelle le *Martyre de saint Eranne* et la magnifique *Cène* de l'église de Saint-Pierre-de-Louvain, ainsi que la *Fontaine de Vie* du Musée de Lille. C'est la même vivacité de coloris, la même vérité dans les physionomies des personnages, le même détail dans le rendu des vêtements, qui étonne et qui ferait croire que les peintres primitifs de Bruges et de Louvain n'ont pas fait connaître tous leurs procédés à leurs disciples. Si ces derniers ont gagné en dessin, en revanche, ils ont perdu l'éclat de la palette de leurs maîtres, ainsi que cette expression naïve de la vie intérieure et des sentiments qui animaient les Flamands, que les premiers ont toujours représentés tels qu'ils les ont connus. Qu'est-ce que la correction du dessin en comparaison de ce pouvoir de tout exprimer sans recherche, sans miévrerie, sous l'empire de la vérité, devenue l'unique inspiratrice, je n'ose pas dire la muse de ces pinceaux robustes et sincères?

La Sainte-Famille de Hugues Van der Goes, appartenant à M. Rothan, est, malgré sa dimension restreinte (22 centimètres en tout sens), un admirable tableau. On ne saurait mieux dire les joies calmes et pénétrantes de la famille. La Vierge est si tendre pour son fils, et Joseph si attentif pour la jeune mère et pour le petit enfant! Et lorsqu'on songe que Van der Goes fut l'élève de cet énergique Jean Van Eyck, on s'étonne de la douceur et de la mélancolie répandue dans ses œuvres. C'est que Van der Goes mit son cœur dans ses ouvrages; d'une tournure élégante, d'un esprit délicat et cultivé, se complaisant aux riches vêtements, ayant tous les goûts des grands seigneurs, il rencontra une jeune fille de haute naissance, il l'aima, il en fut aimé, puis repoussé par le père; il se jeta de désespoir dans un monastère, afin d'y ensevelir son chagrin et sa vie. Il mourut jeune, ce qui fait que ses tableaux sont rares et que le seul qui soit un peu connu et qui est à Munich, représente la Vierge et saint Jean, accompagnés des trois Maries pleurant à la vue des outrages que subit le Christ en montant au Calvaire. Il est impossible de pousser plus loin l'expression contenue de la douleur.

Ah ! les magnifiques portraits, que ceux appartenant à la comtesse Duchatel. Par qui n'ont-ils pas été loués, admirés ? Est-il possible de voir des personnages plus vrais, plus parlants que ce seigneur agenouillé avec ses deux fils, que cette dame noble en prière ? Comme la vie circule et déborde sous cette grasse et chaude peinture ! Quels vivants regards, quelles physionomies expressives ! Quelles belles mains, fines, aristocratiques, halitueuses ! Que les vêtements sont souples et soyeux, que leur couleur est profonde ! Quel sobre éclat dans les bijoux et les broderies de la robe de la femme ! Comme ce pinceau, solide et généreux dans ses moindres accents, se promène avec aisance au milieu des innombrables détails dont il écrit les plus petits reliefs et accuse tous les plans dans leur aspect et leur sincérité !

Ces portraits sont-ils d'un peintre espagnol, sont-ils d'un Italien ? Et encore quel Espagnol serait-ce ou quel grand Italien ? Non, ils sont d'un élève de Jean Schorcel, Antoine More, né à Utrecht, au milieu des brumes et des tristesses du ciel de la Hollande. Mais d'aventure ce Hollandais a secoué son manteau humide, il a vu de bonne heure le soleil de l'Espagne, il s'est échauffé à ses rayons, et s'il n'a pas connu l'Italie, il a pu du moins, à Madrid, étudier ses grands-maîtres, les Vénitiens surtout. Il lui est arrivé, en effet, qu'après avoir appris dans son pays le secret de la couleur et le maniement du pinceau, au moment où il allait se sentir assez fort pour déployer ses ailes, un évêque d'Arras l'avait deviné et produit à la cour de son souverain. Or, cet évêque devait être plus tard le cardinal de Granvelle, l'ami du

Titien, le protecteur du Bronzino, le Mécènes qui défendait Albert Durer contre ses découragements, et la cour où il introduisait son jeune Hollandais était celle de Charles-Quint. L'empereur lui demanda sur l'heure le portrait de son fils, l'infant d'Espagne, moins sombre alors qu'il ne le fut depuis, lorsqu'il s'appela Philippe II, et celui de sa jeune et belle fiancée, Dona Maria de Portugal. Antoine More réussit merveilleusement les deux portraits; l'empereur se montra satisfait; la fortune de l'artiste était faite, il voulut alors devenir Espagnol et s'appeler Antonio Moro, afin de n'être plus un étranger au milieu de ces grands d'Espagne qui étaient avec le roi, leur maître, les premiers personnages de l'Europe et les souverains de la moitié du monde.

C'est là ce qui explique comment sa peinture est en même temps si délicate et si mâle, son coloris si brillant, ses portraits si grands seigneurs. Antoine More avait oublié les tournures pesantes et vulgaires de ses compatriotes, ces marchands de la Hollande, pour s'élever par la fréquentation et le coudoiement des personnages de la cour de Charles-Quint jusqu'à ce style fier, cette élégance hautaine et voulue qui est la marque distinctive de ses portraits.

Le Musée du Louvre n'en possède que deux, celui notamment du nain de Charles-Quint, qui est une merveille de facture. Le Musée de Besançon a le bonheur d'avoir les portraits de Simon Renard, ambassadeur de Charles-Quint et de Jeanne Lullier, sa femme, qui sont de vrais chefs-d'œuvre. On ne saurait plus les oublier dès qu'on les a vus.

Je voudrais bien passer sur quelques tableaux. Mais comment ne rien dire de l'intérieur de Pieter de Hooghe, appartenant au comte de Turenne? Quatre personnes sont réunies dans une chambre, devant une table recouverte d'un moelleux tapis. Un homme, habillé de velours noir, glisse quelques propos galants à l'oreille d'une femme assise auprès de lui et vêtue d'un caraco jaune citron. Un jeune officier, debout à l'une des extrémités de la table et

coiffé d'un chapeau à grands bords, bourre sa pipe en attendant le vin que la servante est occupée à verser dans un verre,
à l'autre bout de la table.

Tout cela est d'un intérêt secondaire, mais voici qu'un
rayon de soleil est entré dans la chambre par une large fenêtre garnie de carreaux à treillis de plomb. Il devient la joie,
la fête de cette scène intime ; il éclaire franchement l'officier
et l'enveloppe de ses rayons, fait briller le tapis, donne des
chatoiements au verre, s'accroche çà et là au plat sur lequel
est un citron, à la fourrure du casaquin de la servante, aux
vêtements du galantin, à la fanchon de la femme, effleure le
mur auquel sont accrochés une carte géographique et un
portrait, et va s'assoupir sur les courtines à demi-tirées d'un
lit placé au fond de la chambre. Le soleil n'est-il pas ici le
style de cette scène tout-à-l'heure vulgaire? Ne lui donne-
t-il pas de l'attrait, du ragoût, en nous faisant pénétrer dans
l'intérieur de ces placides Hollandais d'il y a deux siècles?

Comment ne pas parler également de ces *Vaches au bord
de l'eau* d'Albert Cuyp? Est-il un plus beau tableau? Et ne
vaut-il pas, dans sa rustique poésie, cette avenue de Dor-
drecht, de la galerie de San Donato, que j'ai pu admirer
avant qu'un lord anglais ne l'enlevât au prix de 140,000 fr.?

Le paysage, vaste et découvert à droite, est ensoleillé par
les derniers feux du jour. A gauche, sur un petit tertre qui
s'élève au bord de la Meuse, sept vaches somnolentes et cou-
chées ruminent lentement, en attendant que le pâtre, assis
au bord de l'eau, donne de son bouquin nasillard le signal
du retour. L'une d'elles est restée debout, elle tourne le dos
à ses compagnes et regarde vaguement l'horizon, en aspi-
rant à pleins naseaux l'air embaumé du soir. Le ciel,
qu'une poussière d'or illumine, est traversé par de légers
nuages que pousse doucement la brise. Le petit monticule
est frappé par des rayons frisants qui font saillir les inéga-
lités du pelage des vaches. Le premier plan seul est sombre,
il laisse entrevoir une flaque d'eau et communique par son

contraste une valeur et un éclat extraordinaires aux derniers plans.

Et Hobbema? comment ne pas signaler les deux magnifiques paysages appartenant à la princesse de Sagan et au marquis d'Abzac? Celui de la princesse de Sagan nous était connu depuis longtemps et nous ne l'avions pas oublié. Nous l'avions vu pour la première fois en 1837, à la vente de la duchesse de Berry, qui nous révéla tant de belles choses, et dans ce temps-là Hobbema était si peu connu, que l'on avait jeté les hauts-cris en voyant un de ses tableaux monter rapidement à 22,000 francs. Comment? une pareille somme pour la peinture d'un artiste sans nom? Et que valaient donc les Ruysdaël, les Wynants, les Both d'Italie? C'était le comte Demidoff qui avait fait cette folie. Il plaça l'Hobbema dans son palais de San Donato, le conserva près de trente ans et, lorsque en 1868, il mit en vente ces fameux vingt-trois tableaux de San Donato, qui produisirent, avec les frais : un million quatre cent trente-deux mille francs, le baron de Sellières ne put enlever ce même Hobbema à ses concurrents qu'en élevant l'enchère à 110,000 fr. C'est donc de lui que la princesse de Sagan, sa fille, l'a reçu. Hâtons-nous d'ajouter que, depuis 1839, Hobbema a fait son chemin, que ses tableaux sont rares et recherchés, et qu'il est difficile de s'en procurer, quand on n'a pas à peu près 50,000 fr. à consacrer au moindre d'entre eux.

Le tableau de San Donato est d'une dimension peu commune dans l'œuvre d'Hobbema, puisqu'il mesure 92 centimètres de haut sur 1 mètre 27 cent. de large.

Il représente l'entrée d'une forêt remplie d'ombre et de mystère, à la végétation forte et puissante, particulière aux forêts du Nord. Une petite maison de garde se cache à demi sous les grands arbres; le ciel a de la finesse, il est traversé par des nuages lumineux. Le soleil a peine à se faire jour sous l'épais ombrage de la forêt. Quelques fauconniers, peints agréablement par Lingelbach, étoffent ce paysage silencieux, aux arbres d'une frondaison assombrie et massive, qui est d'un style sévère et d'une coloration très-vigoureuse.

Je lui préfère cependant le paysage de M. d'Abzac, parce qu'il est plus poétique. Si l'on n'y voit pas les moulins des environs de Harlem, chers à Hobbema, on y trouve ces belles eaux de la Hollande qui sont si transparentes, si cristallines, qu'elles reflètent tous les objets comme un clair miroir et répètent ici les arbres, là les moulins, de ce côté les nuages, de celui-là le bleu d'en haut, de sorte que le paysage entier semble suspendu entre deux ciels. Puis, quelle impression de calme et de fraîcheur s'en dégage, et comme ces vieux chênes aux branches noueuses et tourmentées, ces herbes touffues, vivaces et sombres, se marient bien au site et concourent à lui imprimer ce caractère de mélancolie héroïque dont la nature a fait les frais, mais qu'Hobbema a su comprendre en poète et traduire en peintre de génie !

Je ne puis pas parler de tout, je passe donc et Van Dyck, qui avait de si belles pages, et David de Heem, de si belles fleurs, et Philippe de Champaigne, tant de portraits, et Van der Meulen et Huysmans de Malines et Rubens, le grand Rubens, parce qu'ils sont assez connus, pour arriver à Van Goyen, dont nous ne décrirons pourtant que deux tableaux, appartenant l'un et l'autre à M. Gustave Rothan, qui, successivement secrétaire d'ambassade et ministre plénipotentiaire à Berlin, Stuttgard, Francfort, Bruxelles et Florence, a trouvé dans les heureuses chances de la carrière diplomatique le moyen de réunir une collection qui, savamment choisie, abonde en œuvres rares et exquises.

Le Calme plat nous montre la mer qu'effleure à peine une brise légère et sur laquelle naviguent quelques bateaux dont les voiles sans souffle retombent pesamment autour des mâts. Tout au fond, on aperçoit une côte lointaine, et, au premier plan, quelques pêcheurs dans un canot, qui viennent de jeter leurs filets. La mer et les barques n'occupent qu'une bande étroite au bas de la toile qui est presque entièrement occupée par un ciel immense, lumineux, sur lequel courent à l'envi l'un de l'autre de petits nuages. Ce ciel est incomparable de transparence et de légèreté, on voit flotter les nuages. Mais ce qui fait surtout la beauté du tableau, c'est sa grandeur, son silence. On est en présence de la mer, de son ciel sans limites, on sent les âcres exhalaisons de ses rivages, et la poésie de ce spectacle n'a d'égale que l'admirable perspective d'un horizon qui se perd dans les brumes lointaines.

Et les *Chaumières* que Théodore Rousseau admirait si sincèrement, quel étonnant tableau par la simplicité de ses lignes et l'effet qu'il produit ! A gauche, quelques arbres hauts et touffus, et à leurs pieds, deux pauvres chaumines rapiécées, effondrées, à demi-croulantes. Un charriot et quelques paysans à l'ombre des arbres. Au fond, une campagne boisée d'où émerge une chaumière, et au-dessus d'elle un humble clocher sans architecture et sans élévation. Çà et là un paysan occupé à ses rustiques travaux ; sur le tout un ciel léger, limpide, dont le vent a balayé les nuages qui tout-à-l'heure versaient des torrents d'eau qu'ont gardé les plis du terrain et les ornières profondément creusées. Tout cela paraît bien simple, mais ce qui l'est moins, c'est le jeu des colorations variées qui se meuvent dans la chaude harmonie de l'ensemble, ce sont ces bruns transparents, ces ombres lumineuses qui courent autour de ces clairs olivâtres, verdissants, qui sont l'éclat de cette campagne à fleur d'eau, qui semble toujours prête à mettre à la voile sur les canaux de la Hollande.

Faut-il dire un mot du Paul Potter de M. de Greffulhe ? Il est authentique, mais trop peu important. Il est vrai que n'a pas qui veut un tableau de Paul Potter qui a si peu vécu. Puis, si je l'analysais, peut-être que je trouverais qu'il est d'un pinceau trop caressé et partant d'une touche trop lisse.

Je préfère saluer en passant le cabaret de Cornélis Dusart, si charmant, si fin, si exquis, pour arriver de suite aux deux tableaux de Gonzalès Coques, d'un faire différent et d'une valeur inégale.

Ils appartiennent tous les deux à M. Léopold Double, et représentent l'un et l'autre ce qu'on est convenu d'appeler le portrait d'une famille, c'est-à-dire les portraits en petit de tous les membres d'une famille, groupés dans les attitudes variées de la conversation. Un certain nombre de peintres hollandais et flamands ont composé de ces portraits, mais nul n'y a mieux réussi que Gonzalès Coques, qu'on a caractérisé d'un seul mot en disant que c'était un Van Dyck, vu par le petit bout de la lorgnette. Il avait un talent très-particulier pour représenter ses modèles dans leur action de tous les jours et au milieu des accessoires qui indiquaient le mieux leurs goûts ou leurs professions.

La famille de distinction, qui porte le n° 71 du livret, doit être de la jeunesse et des premiers essais de Gonzalès; elle est d'une coloration claire, gaie, mais peu profonde, peu ressentie. Tandis que l'intérieur, qui représente un magistrat assis, entouré de sa famille, au milieu de son salon, est d'une merveilleuse facture. La peinture est d'une délicatesse exquise, le clair-obscur admirable, les moindres détails traités avec une étonnante sûreté de pinceau. Le tableau de Gonzalès Coques, qui est au Musée de Nantes, bien que très-beau, ne saurait lui être comparé. Le coloris en est peut-être plus brillant, mais il n'est pas d'une pâte aussi solide, aussi grasse, d'un faire aussi magistral. On sent, en regardant le tableau de M. Double, que Gonzalès était à l'apogée de son talent, tant l'allure de son pinceau est précise et disciplinée. Là, point d'emportements, ni de hasards de palette, le dessin est serré, la touche est courte, reprise, enveloppée, d'une transparente profondeur. C'est la peau, c'est la chair, c'est le regard, c'est la vie, avec ses accents les plus intimes. Et, toutefois, la peinture paraît sobre, contenue et ne laisse

voir ce qu'elle a d'exquis, ainsi que toute sa richesse et son
ampleur, qu'à ceux qui l'examinent longtemps et de près.

Gonzalès avait commencé par être l'élève de Pierre
Breughel et de Ryckaert le vieux, et il avait peint comme eux,
avec plus de courage que de finesse, des tabagies bruyantes
et de grosses paysanneries. Il s'était bientôt aperçu que ce
monde de fumeurs et d'ivrognes n'était pas le sien, et qu'il
n'était pas né pour peindre toute sa vie des joueurs se dis-
putant dans une salle sordide et enfumée, des buveurs sa-
vourant leur verre ou regrettant sa joie disparue. Il avait
épousé la fille de Ryckaert, qu'il avait aimée un peu vite et
trop follement peut-être, puisqu'elle lui avait donné avant le
contrat une délicieuse petite fille, rose comme l'églantine et
blonde comme les blés. La mère et la fille devinrent bientôt
ses modèles favoris et ses sujets d'étude. Nous en avons à
Troyes même la preuve dans un beau portrait de grandeur
naturelle qui appartient à M. Gérard-Boilletot et qui représente la femme de Gonzalès ajustant la chevelure de Gonza-
line, âgée de trois ans, vêtue d'une robe d'un rouge éclatant et chaussée de souliers de satin blanc, ornés de broderies
d'or. Puis insensiblement il réduisit ses personnages et finit
par les faire tenir dans le cadre d'un tableau de chevalet.
Mais, s'il diminua leur grandeur, il conserva leur caractère,
en y ajoutant l'élégance, le charme. La vérité, la vie, voilà
les qualités maîtresses de son œuvre, et elles sont demeurées
le trait distinctif de ce Van Dyck en miniature.

Puisque nous en sommes aux portraits, notons en passant
celui d'un brave Hollandais, ressemblant vaguement à Pierre
Corneille, justement attribué à Nicolas Maas, qui fut un instant élève de Rembrandt, qu'il ne put pas suivre dans sa pro-
digieuse manière, mais dont il apprit la vigueur des tons, le
relief des figures et le modelé vigoureux. J'ai hâte d'arriver
à Franz Hals, qui avait de si beaux spécimens à l'Alsace-
Lorraine.

On y remarquait entre autres : *la Femme au gant,*

Jasper Van Westrum, Scriverius, la Femme de Scrive-
rius et le portrait de ce bourgmestre au grand chapeau et au
col de dentelle nommé *Wilhem Van Heythuijsen.* Il me serait bien difficile de décrire tous ces portraits. Je ne puis
guère que les indiquer dans leur ensemble en caractérisant
la peinture de Hals. La plupart de ses portraits sont traités
largement avec une audace de touche qui se préoccupe peu
des détails secondaires et laisse souvent à l'état d'ébauche les
mains pourtant si essentielles et certaines parties des vêtements. Mais quel vaillant et ferme pinceau que celui de Hals,
comme il saisit rapidement l'individualité de chaque type et
plonge sans réticences dans la pensée intime! Qui jamais dans
les Flandres a su exprimer aussi franchement la gaieté, la
bonne humeur, la santé robuste et insouciante, la jeunesse
heureuse de vivre et ne doutant de rien, parce que, croyant
tout pouvoir, elle veut tout avoir? Ses jeunes hommes avec
leurs chapeaux sur l'oreille, leurs moustaches retroussées et
leurs dentelles qu'ils n'ont pas peur de chiffonner, ont l'in-
solence aimable, la crânerie égayante qui fait contraste avec
les physionomies assombries de Messieurs leurs pères, ces
riches trafiquants qui se sont peut-être autrefois divertis
comme eux, mais qui vivent maintenant absorbés sur leurs
livres decompte et les débets de leurs correspondants. Il n'y
a que Vélasquez et Goya qui lui soient comparables, encore
n'ont-ils pas le vif de son allure, son rire large et épanoui.

Le Louvre n'a qu'un seul portrait de Hals, mais très-pré-
cieux, puisqu'il est l'image authentique de René Descartes à
l'époque où, exilé de France, il composa dans les poëles de
la Hollande son fameux *Discours sur la Méthode,* et qu'il
trouva son axiôme célèbre : *Je pense, donc je suis.*

On pouvait admirablement étudier Jacques Ruysdaël à
l'Exposition d'Alsace-Lorraine, car elle ne comptait pas
moins de treize tableaux de lui. Et quels tableaux? Jamais on
n'avait vu plus bel assemblage. C'était d'abord le *Champ de*
blé de la collection Rothan, avec un terrain sablonneux,

garni de broussailles au premier plan ; à droite, un champ où jaunit le blé, qu'un coup de soleil illumine ; au fond, une petite colline boisée, quelques arbres et un moulin à vent, qui détache ses grands bras en noire silhouette sur un ciel qui promène des nuages de pluie, au travers desquels passent çà et là les pâles rayons d'un soleil délavé. Puis les *Torrents* de la comtesse Duchatel et du baron de La Tournelle, dans lesquels l'eau se précipite de rochers escarpés, écume, se tord, emportant tout avec elle, et dont on croit sentir la poussière humide et entendre le bruit assourdissant, tant il y a de vérité dans ces tableaux magnifiques. Je leur préfère pourtant le paysage du comte de Greffulhe, avec ses grands arbres au feuillage sombre, ses eaux tranquilles, son ciel austère et à demi-voilé, parce qu'il me donne le talent, j'ose dire le génie de Ruysdaël, dans sa note la plus vraie, et qu'il se dégage de ce tableau je ne sais quelle poésie mélancolique et rêveuse, qui me fait souvenir de cette jolie pensée de Michel Montaigne : « J'imagine qu'il y a quelque umbre de » friandise et délicatesse au giron même de la mélancolie. » Oui, Ruysdaël fut un grand poète qui se complut toute sa vie dans les mélancolies d'une nature attristée, dont il avait pris le goût au milieu des plaines monotones de la Hollande, et qu'il poursuivit jusqu'au milieu des sites plus sévères de la Westphalie et de la Norwége. Il faut croire qu'une insurmontable tristesse dominait son âme et que, comme Châteaubriand, *il avait senti l'ennui dès le ventre de sa mère,* car il demeura toute sa vie le peintre des élégies de la nature, des solitudes mystérieuses, des ruines abandonnées, qu'un soleil glissant entre deux nuées éclaire d'une manière fugitive et n'échauffe pas.

C'est l'impression qui reste de la plage de Scheweningen, cette triste plage, tour-à-tour battue par la mer et par les vents, bordée de dunes de sable incessamment bouleversées, qui sont à peine recouvertes d'une petite herbe fine et jaune, destinée à disparaître. Ce tableau, qui faisait partie de la

galerie de San Donato, èst devenu pour 60,000 francs la
propriété du duc d'Aumale.

Jacques Ruysdaël est trop connu pour que j'aie besoin de
caractériser longuement sa peinture. Tout le monde sait
qu'elle est harmonieuse, très-fondue et que sa touche est à
peine visible. Ses feuillés sont d'une facture merveilleuse et
expriment, sans confusion, l'infinie variété des arbres et des
plantes qui meublent ses tableaux. Personne n'a jamais
mieux que lui rendu les eaux, leur course, leur furie même.
Mais où il est demeuré inimitable, c'est dans la transparence, la légèreté, le mouvement et la profondeur de ses
ciels. C'est la réalité même; ses nuages tantôt passent sur la
campagne en projetant leur ombre, et tantôt se promènent
lentement comme dans les beaux jours d'été. Ils font illu-
sion, et quand le ciel du dehors correspond à un ciel de
Ruysdaël, qu'il est alternativement lumineux et voilé, si l'on
se trouve devant l'un de ses tableaux, on croit voir marcher
les nuages et l'on attend sérieusement une éclaircie, afin de
découvrir ce que cache un coin obscur. Et cette mélancolie,
cette tristesse qu'on ressent devant ses œuvres, comment
l'expliquer, si ce n'est parce que Ruysdaël y a mis son âme;
qu'il a communiqué à la nature ses propres sentiments, que
c'est par eux qu'elle vit, qu'elle respire, en sorte que la
poésie douloureuse empreinte dans ses tableaux suffit à nous
émouvoir et à leur assurer, ainsi qu'à son nom, l'immortalité.

Il y avait aussi de son frère Salomon Ruysdaël, plus âgé
que lui de vingt ans et son premier maître, un tableau re-
présentant une famille en promenade, dans une voiture qui
ne court pas vite tant la pauvre bête qui la traîne paraît ex-
cédée. Elle est suivie par un mendiant qui l'importune de sa
prière plaintive. Le paysage, très-lumineux, se termine par
un horizon charmant. L'eau est digne d'Hobbema, et la
prairie a des finesses de ton et des éclaircies brillantes qui la
font fuir au loin, jusqu'à la colline. Cette jolie page fait partie
de la collection Louis Viardot.

Je me hâte, car je voudrais finir. Comment ne pas parler, cependant, de ce Terburg qui nous fait pénétrer dans un intérieur hollandais du xvii° siècle, et qui nous montre que la vie, chez ce peuple sérieux, n'était pas trop différente de ce qu'elle était en France à la même époque.

Une jeune femme, vêtue de satin blanc et assise, boit dans un grand verre le vin d'Espagne qu'un jeune page vient de lui présenter sur un plateau d'argent. Un galant cavalier se tient debout devant elle. Elle est blonde, cela va sans dire ; elle est coiffée à la Ninon, c'est l'habitude ; et dès que le petit page sera parti, elle reprendra la conversation ébauchée, qui ne sera peut-être pas à l'honneur du maître du logis. Il est vrai qu'il n'est pas là et que les choses ne se passent pas tout-à-fait comme dans cette scène populaire du Musée de Bruxelles, où Jean Steen représente un vert-galant sautant sur un pied et offrant à une égrillarde commère un hareng et une gousse d'ail, pendant qu'un voisin fait les cornes au mari qui épluche attentivement des noix fraîches, sans se douter de rien. Ah! la bonne tête de Georges Dandin rustique?

Tout cela est peu de chose si l'on veut, car il n'y a là ni pensée bien profonde, ni expression bien recherchée. Mais c'est le sentiment à fleur de vie journalière, le sous-entendu des choses finement observé, le tissu fugitif des petits événements de chaque jour, rendu avec une étonnante dextérité de pinceau, un rare esprit d'exécution.

Se servir de l'extérieur pour dire l'intime, montrer la passion sous le calme apparent, et dans le jeu imperceptible des physionomies, exprimer les mouvements de l'âme, n'est pas un médiocre mérite, et Gérard Terburg l'a eu au suprême degré avec Gabriel Metzu, et plus que lui peut-être. Il a été davantage encore, puisque durant une heure de sa vie il s'est élevé à la dignité de peintre d'histoire, dans ce mémorable Congrès de Munster, où Louis XIV signa avec l'Europe la paix de Westphalie. J'avais déjà vu ce tableau, en 1837, à la vente de la duchesse de Berry, et tout le monde faisait des vœux pour le voir conserver à la France et entrer au Louvre. Malheureusement, elle ne se trouva pas assez riche pour l'acheter, ce fut le comte Anatole Demidoff qui en fut acquéreur au prix de 45,500 francs. Il le plaça à San Donato, d'où il revint à l'époque de la fameuse vente des vingt-trois tableaux dont nous avons parlé. Ce jour-là, M. de Rothschild, de Vienne, couvrit l'enchère de je ne sais plus quel musée étranger et demeura vainqueur moyennant 182,000 francs, somme énorme pour un Terburg de 45 centimètres de haut sur 58 centimètres de large. Voilà ce que c'est que le talent, et ce prix en dit plus long que je ne saurais le faire.

Je clos ce compte-rendu des écoles flamande et hollandaise par deux tableaux dont il ne m'est guère possible de ne pas parler. Je veux dire le *Départ pour la chasse* de Philippe Wouwerman et le *Marché aux poissons* de David Téniers.

Commençons par le dernier qui provient de la vente Delessert, où il fut acheté, par le comte de Greffulhe, 159,000 francs. Un homme de qualité, couvert d'un manteau rouge et coiffé d'un chapeau à plumes, suivi de son nègre, est occupé à payer la marée qu'il vient d'acheter. Les pêcheurs qui l'entourent, l'un vérifiant le compte des pièces de monnaie, l'autre soulevant un énorme poisson, celui-ci tronçonnant un esturgeon, ceux-là causant de l'heureux coup de filet qui leur a valu cette aubaine, sont, de même que l'acheteur, de purs Flamands.

J'aperçois cependant, à droite, un ciel qui voudrait être un ciel d'Italie, et sous ce ciel le Tibre roulant ses eaux, le fort Saint-Ange et le pont Saint-Ange. Je me demande quel est ce mystère. David Téniers a-t-il voulu satisfaire la fantaisie d'un amateur, ou faire croire qu'il avait visité l'Italie? Je l'ignore. Ce que je sais seulement, c'est que, de même que ses personnages sont bien Flamands, son ciel est aussi pâle que celui d'Anvers ou de Malines, il est blafard comme

dans le Nord, il n'est pas doré comme les ciels de Claude.
Il n'est donc pas plus Romain que ses Flamands dont les
joyeuses trognes s'occupent à des poissons, en attendant que
Téniers les attable de nouveau devant des cruchons de
bière.

Ce tableau est de la plus fine manière de Téniers et de la
plus exquise conservation. Ses qualités les plus brillantes s'y
rencontrent : esprit, facilité, dessin, coloris, agilité et pré-
cision de pinceau. La couleur en est claire et argentine ;
harmonieuse et sans sacrifices, elle est posée d'une touche
rapide, spirituelle, qui a porté partout la lumière, l'expression, la vie.

Je termine par le tableau de Philippe Wouwerman, au
comte de Greffulhe, autrefois dans la collection Nieuwenhuys.

. Sur une belle terrasse qui se trouve en avant d'un châ-
teau placé à gauche, décorée de statues et de fontaines,
des chevaux, des gentilshommes, des piqueurs, des chiens
s'agitent en tous sens. On va partir pour la chasse. Quelques
dames la suivront. En leur qualité d'amazones du plaisir,
elles sont dans leurs plus beaux atours, et afin de se pré-
server des ardeurs du soleil, elles n'ont pas oublié ce joli
toquet à plumes qui leur sied si bien. Un ciel mouvementé
plane sur le paysage qui se termine par un lointain très-
sobre.

Ce magnifique tableau est de la plus belle époque de Philippe Wouwerman, et ses meilleures qualités s'y rencontrent.
Faire précieux, fonte admirable du coloris, terrains brodés
et accidentés, fuyants légers et suaves, éclairés par une lumière modérée et revêtus d'un gazon qui n'a d'autre défaut
que de paraître trop velouté. Chevaux bai, alezan, isabelle,
gris-pommelé, et même le fameux cheval blanc, s'y trouvent,
remuant, piaffant, se cabrant, prêts à s'élancer en bondis-
sant au milieu de tous ces pages de vol et de courre, des piqueurs, des valets de limiers, des chiens seuls ou accouplés,
des laquais qui portent les faucons encapuchonnés. Ah ! la

jolie fête ! Quel mouvement ! quel bruit ! et que c'est bien
la vie de ces châteaux d'autrefois et de ces gentilshommes
si bien dépeints par Brantôme et Bussy-Rabutin. Ils menaient
durement une existence fortunée, ils buvaient sec et longtemps, dormaient peu, étaient toujours en campagne, fai-
saient l'amour au pas de course et se reposaient des fatigues
de la guerre, en courant le cerf dans les grands bois, ou bien
en se battant en duel·pour un mot oublié dans les saluts
d'usage, un mouchoir parfumé ramassé sur la piste.

Cela ne valait-il pas les ballets de Lulli, les carrousels,
les minauderies en talons rouges, les antichambres, les
Marly et les grands levers de Versailles ? Et lorsque les
belles dames parvenaient à les fixer, ces rudes cavaliers, ils
leur adressaient, quand ils en prenaient le temps, des façons
de bouts-rimés qui ne sentaient pas la manière :

Je bois à toi, Sully ;
Mais j'ai failli.
Je devais dire à vous, adorable duchesse,
Pour boire à vos appas,
Faut mettre chapeau bas.

Philippe Wouwerman fut donc le peintre de cette époque
charmante et mouvementée qui s'est écoulée entre les Valois
et Louis XIV. Nul, mieux que lui, n'en a saisi l'esprit et la
vie. Et de même que Van Ostade, Brauwer et Téniers
avaient été les peintres attitrés des réjouissants ivrognes et
des fumeurs, Wouwerman fut celui des seigneurs élégants
et du monde des châteaux. Personne, après lui, n'a su reproduire les occupations militaires, les mâles exercices, les
loisirs virils de la noblesse d'autrefois, alors que Richelieu
ne l'avait pas encore décimée et Louis XIV amollie aux fêtes
de sa cour.

III.

J'arrive à la France, car c'est par elle que je dois finir. J'ai indiqué, en traits rapides, des esquisses plutôt que des portraits, ce que furent l'art italien, l'art flamand et l'influence qu'ils exercèrent sur la peinture, son développement et ses progrès. Le premier lui montra l'idéal, le second lui donna la réalité. Ne pouvant donc, à propos d'une Exposition de peinture, si merveilleuse qu'elle ait été, entreprendre un cours d'esthétique, ni une histoire de l'art, il me faut, pour la France, me borner à dire en quoi l'art français s'est distingué de ses devanciers, quelle note nouvelle il a apportée et le rôle qu'il a joué dans le monde.

En considérant l'art de haut et dans son ensemble, nous pensons qu'on pourrait classer ses productions en deux catégories distinctes, dont l'une relève de la raison et l'autre de la fantaisie. Ce n'est pas qu'elles soient tellement tranchées et séparées l'une de l'autre par des barrières si élevées qu'elles ne puissent se réunir et se mêler jamais. Est-ce que l'imagination connaît des frontières ? Puis, la raison ne consent-elle pas quelquefois à accueillir la fantaisie comme une compagne aimable et passagère ? Et la fantaisie elle-même, refuse-t-elle toujours d'écouter la raison ? Chacun promène librement, dans le domaine de l'art, sa réflexion ou sa rêverie, et il en sort ces peintures variées, ces scènes, ces contrastes inattendus, ces inventions, qui se succèdent ou se coudoient tour-à-tour. Seulement, suivant que c'est la fantaisie ou la raison qui tient le sceptre pour l'artiste, ses créations s'adressent aux délicats et aux esprits cultivés, ou à la foule qui peut alors les comprendre. Il faut une sorte d'initiation pour saisir *la Mélancolie* ou *le Cava-*

lier au cheval blanc d'Albert Durer, les sombres visions du grand artiste de Florence dans *le Jugement dernier* de la chapelle Sixtine, ou les pétillants anachronismes des *Noces de Cana* de Paul Véronèse, qui fait asseoir sans façon Charles-Quint, François Ier et la reine de Navarre à la table de Jésus-Christ. Tandis que tous les spectateurs comprennent *l'Enlèvement des Sabines, le Massacre des Innocents* du Poussin, *les Saintes-Familles* de Raphaël et les suaves compositions de Le Sueur.

La France, qui passe à cause de la mobilité de son esprit pour être le pays de la fantaisie par excellence, a pris uniquement dans son art, la raison pour guide. Il ressemble à sa langue merveilleuse. La clarté, la pensée nettement écrite, le bon sens, voilà ses traits distinctifs. Dans chacune des œuvres de l'école française, l'imagination est tempérée par la raison, elle est disciplinée comme dans ces jardins, qu'on appelle Français et dans lesquels toutes les lignes concourent à un effet d'ensemble, sans rien ôter à l'imprévu de la nature et aux perspectives lointaines, au milieu desquelles le soleil se promène majestueusement en variant les aspects. L'art français tient donc sa supériorité de la raison, du sentiment exact des convenances; il est à la portée de toutes les intelligences, parce qu'il parle la langue commune et qu'il sait trouver l'expression la plus juste pour les idées comprises et acceptées de tous. Est-ce à dire pourtant que l'idéal lui fasse défaut? Non assurément, car il est hautement spiritualiste, comme l'est et l'a toujours été la France, dans sa philosophie, dans son éloquence et dans sa poésie. L'imagination ne manque donc pas plus à nos artistes qu'elle n'a manqué à Pascal, à Bossuet et à Corneille. Mais, comme ces grands hommes, ils soumettent son ardeur au frein de la raison, et bien que la discipline qu'ils laissent paraître semble leur ôter de la force, en y regardant de près, on finit par découvrir que ces artistes si raisonnables ont su mêler l'imagination (non pas la folle du logis) à leurs œuvres, dans la mesure qui convient à les rendre élevées, agréables ou piquantes, sans rompre leur équilibre.

Voyons maintenant ce qu'il faut penser des œuvres de l'école française qui étaient au palais Bourbon.

Voici d'abord les frères Lenain, ces peintres sincères, si simples et si vrais, qu'on les a surnommés les peintres de la réalité. Il y avait d'eux trois tableaux, des *Paysans sur une charrette, le Benedicité* et un *Groupe d'hommes autour d'une table*. Le premier de ces tabeaux était peut-être un peu blafard de coloris, mais le dessin en était d'une merveilleuse fermeté. *Le Benedicité*, de petite dimension (15 centimètres sur 18), représente une mère assise avec ses trois enfants auprès d'une table, sur laquelle est posé un modeste vase de terre rempli d'une soupe fumante. L'aîné des garçons, les mains jointes, dit le Bénédicité, que suivent pieusement la mère qui est sérieuse et les enfants aux minois éveillés. C'est simple, naïf, et tout à la fois charmant, un petit chef-d'œuvre. Quant au plus grand des trois tableaux, qui provient de la galerie Pourtalès, il montre six gentilshommes du temps de Louis XIII, groupés autour d'une table, éclairée par un unique flambeau. Ils fument. Le plus jeune, qui est aussi le plus élégant, est assis, un nègre dont les yeux blancs brillent dans la pénombre se tient debout derrière lui. C'est son laquais. En face de lui, un de ses camarades s'est endormi la tête appuyée sur le bras. Les quatre autres sont debout et causent. Tout au fond, une grande cheminée à hotte, dans laquelle pétille un vrai feu de corps-de-garde, devant lequel se réchauffe un pauvre diable assis. Tous ces soldats sont de bonne maison et ont grand air. La coloration générale est sombre, vigoureuse et les lumières y éclatent comme une fanfare. C'est du Valentin, du Caravage, et il est à croire que celui des trois frères Lenain qui a peint cette tabagie, avait visité Rome et qu'il y avait étudié les œuvres puissantes de ses grands maîtres. Ce tableau est empreint de cette vérité sérieuse qui est l'apanage du talent des Lenain, qui ont surtout représenté le peuple tel qu'il est, sans l'embellir jamais, sans non plus l'enlaidir, en lui conservant sa physionomie véritable. Leurs personnages ont bien la simplicité, la rudesse et parfois la tournure massive de leurs modèles, ils ont pourtant aussi une dignité calme et mâle, qui est leur beauté à eux, et l'accent robuste de la force et de la santé.

Il y avait six tableaux du plus illustre des peintres de l'école française, Nicolas Poussin, dont le génie souple et varié a su aborder en maître les genres les plus opposés : les grands faits de l'histoire de la Grèce et de Rome, les riantes églogues, les bacchanales tumultueuses où les dieux s'enivrent et chancellent, les scènes grandioses de la vie des patriarches, les miracles du Christ, les paysages héroïques et jusqu'aux amours de Renaud et d'Armide dans les jardins enchantés, sortis de l'imagination du Tasse. Le duc d'Aumale avait envoyé quatre merveilles : *Thésée retrouvant l'épée de son père ; le Massacre des Innocents ; les Bacchantes* et une *Sainte-Famille.*

Le Massacre des Innocents surtout était incomparable. Quel mouvement ! quelle énergie ! quels cris des mères défendant leurs petits enfants contre la fureur des bourreaux, et que leur effroi, au milieu des sourires de ces innocentes victimes, est fait pour émouvoir. Puis quel admirable dessin dans cette mêlée et comme les caractères se peignent dans ces combats corps à corps, où la mère défend ce qu'elle a de plus cher au monde, son enfant. Ici l'énergie, là les larmes ; de ce côté, la lutte inégale et les prières et les supplications et l'affaissement du désespoir. *Comme Rachel, elles ne voudront pas être consolées.* Où Poussin a-t-il trouvé ces poses, ces attitudes si justes, si nobles, qui égarent jusqu'aux soldats d'Hérode, en leur montrant partout des mères dignes d'abriter, dans leurs bras, le jeune roi qui devait le détrôner. La couleur répond à la scène. Elle est violente comme elle, exaltée, sombre, énergique. Quels bleus, quels

rouges et quelle puissante harmonie entre les chaudes car-
nations des visages et ce ciel sanglant, orageux, qui se voile
sur ces scènes d'horreur.

Les Bacchantes, qui viennent de la galerie de lord Nortwick, forment un contraste saisissant avec le Massacre des
innocents. Des enfants, des femmes, des satyres, se livrent
à leurs ébats, sous les tièdes haleines du Zéphire et les doux
rayons d'un soleil de printemps. La coloration est douce,
elle est assoupie, les tons neutres dominent, à peine réveillés,
çà et là, par les blancs de quelques draperies flottantes, des
pampres verts, auxquels sont mêlées des roses dont les parfums embaument et n'enivrent pas.

Puis est-il rien de plus suave et de plus pénétrant que
cette *Sainte-Famille* qui a appartenu au cardinal Fesch,
dans laquelle la Vierge, debout, tient l'Enfant-Jésus qu'a-
dorent saint Jean et sainte Elisabeth, agenouillés avec saint
Joseph, appuyé au second plan, contre une colonne. La noblesse de l'art antique ne s'unit-elle pas ici, avec la grâce
virginale et cette jeune mère qui présente à l'adoration du
monde ce petit enfant, dont elle est seule encore à connaître
la grandeur et la puissance, ne nous émeut-elle pas par sa
tendresse respectueuse, sa jeunesse et sa candeur.

Le *Grand Paysage* appartenant à M. Frédéric Reiset
nous montre Poussin, dans le paysage de style, ne forçant pas
la nature (comme on l'a dit à tort) à se plier à sa fantaisie,
mais l'interrogeant avec sincérité, pour lui demander la noblesse, la majesté, la poésie que personne n'avait su en dé-
gager avant lui. Il avait commencé par placer les dieux de
l'Olympe, les scènes historiques ou bibliques, dans le cadre
qui leur convenait le mieux, puis peu à peu, en avançant en
âge, il s'était rapproché de la nature par amour pour elle-
même, et comme tous les génies supérieurs, il lui avait ac-
cordé de longs regards, et bientôt sa suprême tendresse. On
sait que l'admirable tableau du *Déluge,* qui est au Louvre,
fut peint par lui l'année même de sa mort.

Est-il nécessaire d'insister sur les qualités toutes françaises du Poussin et de démontrer que son génie est façonné sur le génie même de la France? Il a sa clarté, son inaltérable bon sens, son tour ingénieux pour se faire écouter et comprendre. Toutes ses compositions sont fortement conçues et admirablement coordonnées. Elles expriment, par le jeu expressif des physionomies et la mimique des personnages, les actions les plus diverses et les plus hauts sentiments qu'il soit donné à l'homme d'exprimer. Elles conservent un caractère à part, sur lequel la fantaisie n'a aucune prise, car dans ses tableaux tout est soumis à la raison et discipliné de manière à émouvoir, sans descendre des régions sereines de l'art et des hauts sommets de la pensée. Il est toujours grand, soit qu'il montre les héros agissant, les philosophes qui meurent, les dieux se mêlant aux hommes, les patriarches qui règnent sur de vastes contrées, le Christ qui explique sa morale et fonde son empire par des miracles. Les enseignements qui sortent de son œuvre immense font monter les esprits dans les sphères supérieures à l'humanité.

Poussin a eu de plus une grande influence sur l'école française et sur tous les artistes ses contemporains. Pierre Mignard lui doit d'avoir approfondi et perfectionné ses études d'artiste; et Claude le Lorrain lui-même apprit de lui à embellir ses paysages de fabriques et de ruines, qui leur donnent je ne sais quelle grandeur épique et les rend plus émouvants et plus beaux.

Le Grand Paysage, *effet du soleil levant*, provenant de la galerie Pourtalès qui appartient aujourd'hui au marquis de Ganay, renferme tous les éléments d'intérêt et de beauté que Claude le Lorrain accumulait dans ses tableaux. A gauche, les ruines d'un temple corinthien, et au milieu de quelques colonnes restées debout, les rayons du soleil adoucis et tamisés par les vapeurs du matin. Une colline couronnée de ruines, à ses pieds une tour et de modestes habitations; de grands arbres tordus et penchés sur les humbles buissons qui les entourent ; au loin, un beau golfe, couvert de barques et de navires ; enfin, sur le premier plan, un berger essayant de charmer, avec les accents de sa flûte, les ennuis de son Amaryllis, qui l'écoute assise et voilée.

Au premier abord, ce tableau n'attire pas, il paraît froid, parce qu'on le regarde avec le souvenir de ces beaux tableaux de Claude, tout ensoleillés, dans lesquels de radieux couchers de soleil sèment leur poussière d'or à l'horizon. Mais l'attention vous ramène à cette campagne arcadienne ; elle vous pénètre par son calme et sa paisible grandeur. Les verdures jeunes et blondes, qui brillent sous les perles de la rosée et les rayons argentés du matin, prennent une finesse, une transparence, une profondeur que relève encore les caresses du soleil, se jouant au loin sur l'onde frissonnante du golfe.

Quel enchanteur que ce Claude Gellée ! Comme il a su faire revivre, dans ses tableaux, Virgile et sa noble poésie ! Est-ce que son paysage n'est pas celui de l'âge d'or et des Eglogues, et ses bergers, ont-ils jamais connu un autre pays que l'Arcadie ? Et cependant, la nature a été le grand-maître de Claude, et quand de nos jours, les artistes qui prétendent la réhabiliter dans leurs œuvres ne l'interrogent que d'une manière distraite ou servile, il faut leur montrer les tableaux de Claude et leur dire : Voilà la source immortelle de ses inspirations. Si vous voulez être grands comme lui, suivez son exemple, car il errait sans cesse dans la campagne de Rome, s'imprégnant, s'enivrant des grands spectacles de la nature, qu'il cherchait à surprendre comme une maîtresse dont il aurait été jaloux, à toutes les heures du jour. Et lorsqu'il la quittait, c'était pour rentrer dans l'intimité de son atelier, afin de reproduire, sur l'heure même, les impressions qu'il en avait reçues et l'éblouissant spectacle que son œil avait gardé. Les grands paysagistes sont ceux qui savent voir la nature avec émotion et lui communiquer les sentiments

qui les animent. Qu'importe la reproduction fidèle des
arbres, des champs, des eaux, quand il ne s'en dégage ni le
sentiment, ni la poésie. Si vous voulez m'intéresser à votre
œuvre, mettez-y votre âme et ne saisissez vos pinceaux que
lorsque vous sentez votre cœur déborder et un frémissement
intérieur vous dire : *Deus, ecce Deus*. L'âme seule fait le
grand artiste. L'art n'est qu'une forme, une expression, et
pour émouvoir, il faut commencer par être ému soi-même.

Claude Lorrain eut un autre maître encore, ce fut le soleil. Il étudia tous les effets, tous les jeux, toutes les harmo-
nies, tous les caprices même de la lumière dans le paysage,
et il sut les reproduire en maître. Semblable à l'aigle, il fut
également le seul qui osa regarder le soleil en face et en
fixer l'éclat dans ses tableaux. Et l'air, cette chose impalpable, insaisissable, qui enveloppe tous les objets, modifie,
adoucit les formes et leur donne la vie, est-ce que mieux
qu'aucun autre il n'a pas su le peindre? Claude est le plus
grand des paysagistes dont s'honore la France, parce que,
comme l'a si bien dit M. Charles Blanc : « Claude Lorrain,
» dans son amour pour la nature, lui prêta la dignité de son
» radieux génie, et, s'il la peignit tranquille, noble, rem-
» plie de lumière, c'est qu'il avait une âme douce, élevée,
» sereine, en qui semblait renaître la sublime candeur de
» Virgile (1). »

Il y avait de notre Pierre Mignard quatre portraits catalo-
gués sous son nom, et un cinquième, le plus beau de tous,
qui ne portait ni nom ni numéro.

Commençons par rejeter, comme entaché d'une attribu-
tion erronnée, le portrait de *M*^{me} *de Montespan sur un lit de
repos*. Il appartient à M. le marquis de Mortemart qui doit
attacher un grand prix à ce portrait, qui représente la fière
Athénaïs de Mortemart dans tout l'appareil de sa puissance
et de sa grandeur, étalée comme une souveraine, au milieu

---

(1) *Histoire des Peintres*, Claude Lorrain, p, 1.

des grands appartements de Versailles, pour recevoir les hommages de la cour et lui distribuer ses faveurs et ses sourires. Mais il n'est pas de Pierre Mignard, il n'a ni ses colorations ni ses ombres. Il nous a toutefois vivement intéressé et nous l'avons longuement étudié, non pas tant pour y découvrir la touche de Mignard, qui n'y est pas, que pour y contrôler la ressemblance du portrait de notre musée. Il nous a donc confirmé dans l'opinion que nous avons émise, c'est que nous possédons un des plus beaux portraits de la marquise de Montespan.

Molière est plus connu aujourd'hui qu'il ne le fut de son temps, et si l'on excepte Boileau, Chapelle, La Fontaine, Mignard et quelques amis de l'intimité du poète, il semble qu'on ne se soit guère inquiété de lui de son vivant. Dangeau n'en dit rien, Saint-Simon en parle à peine, Mme de Sévigné lui fait çà et là une rapide allusion, seul, Tallemant des Réaulx lui consacre quelques lignes : « Un garçon, nommé » Molière, quitta les bancs de Sorbonne pour suivre la » Béjart. Il en fut longtemps amoureux, donnait des avis à » la troupe, et enfin s'en mit et l'épousa. Il a fait des pièces » où il y a de l'esprit. Ce n'est pas un merveilleux ac- » teur, si ce n'est pour le ridicule. Il n'y a que sa troupe qui » joue ses pièces ; elles sont comiques (1). » Et puis, c'est tout ce que l'auteur de Misanthrope a obtenu de ses contemporains. Il fallait, pour que son génie apparut dans sa grandeur, que l'homme reculât dans la perspective de la postérité. C'est ce qui fait que notre siècle a mieux jugé le grand homme et l'a vengé de cette indifférence. On sait maintenant, grâce à MM. Taschereau et Eudore Soulié, tous les détails de sa vie intérieure, qui n'eut pas de repos :

> Avant qu'un peu de terre, obtenu par prière,
> Pour jamais sous la tombe eût enfermé Molière (2).

---

(1) Tallemant des Réaux, *les Historiettes*, tom. **V**, p. 495.
(2) Boileau, Epît. VII.

Et toutefois, bien que Pierre Mignard, son ami, l'ait peint deux fois, on ne connaît guère de portrait incontestablement authentique de lui.

La Comédie française, qui a voulu consacrer une galerie aux illustrations du Théâtre Français, acheta, en 1868, d'un musicien de l'Opéra, M. Vidal, un portrait de Molière attribué à Mignard. Ce n'est pas Molière chez lui, c'est Molière en scène et de plus acteur dans une tragédie. Il est représenté dans le rôle de César de la tragédie de Pompée, avec le costume romain, tel qu'on le comprenait à cette époque. Il a une perruque à la Louis XIV, qu'entoure une couronne de laurier, nouée par une bandelette rouge, et porte une cuirasse agrémentée de broderies et tailladée, un manteau de pourpre et le bâton de maréchal de France, en guise de sceptre.

Monville parle, à deux reprises, des portraits de Molière peints par Mignard : « Il peignit Molière à peu près
» dans le même temps. Leur amitié augmentait chaque
» jour : l'estime l'avait fait naître, l'estime la fortifiait sans
» cesse (1). Et plus loin : Mignard fit de Molière un por-
» trait digne de l'auteur du Misanthrope et digne en même
» temps de celui qui peignit le Val-de-Grâce. La reconnais-
» sance qu'il devait à la muse qui a célébré ce grand ouvrage
» ne se borna pas à ce seul portrait. Il en fit un autre de la
» femme de Molière, qu'on ne regarde pas sans surprise et
» sans admiration (2). »

Il semble présumable que c'est ce dernier portrait qu'Armande Béjart, cette femme que Molière aima tant, avait dû conserver avec le sien, et cependant Monville, dans une note qui nous déconcerte, dit qu'il est chez la comtesse de Feuquières. Il est, au contraire, probable que c'est ce même portrait que Esprit-Madeleine Pocquelin de Molière,

----

(1) La Vie de Pierre Mignard, p. 93.
(2) Ibid., p. 94.

fille unique de Molière, avait hérité de sa mère et apporté, en 1705, à Claude Rachel, sieur de Montalant, son mari. Il existait encore en 1734, puisque Rachel de Montalant le lé-guait à Saint-Gelais, son ami, en le désignant ainsi dans son testament : « Le portrait de feu M. de Molière. » C'est sans doute celui-là que Nolin a gravé en 1685. Il représente Molière âgé de cinquante ans environ, coiffé de la grande per-ruque, vêtu d'une robe de chambre serrée au poignet et que dépasse un bout de manchette, assis et tenant un livre de la main gauche, une plume de la main droite. Or, comme Mignard avait peint les portraits de Molière et d'Armande Béjart, sa femme, en 1670 ou 1671, c'est-à-dire posté-rieurement au poème de *la Gloire du Val-de-Grâce*, qui date de 1669 et dont Monville nous apprend qu'ils furent le remerciement, Molière, né en 1622, était entré dans sa cinquantième année. C'est donc le portrait de Molière en costume de César que possédait Catherine Mignard, et Mon-ville a fait une confusion en indiquant l'autre.

Il est certainement le premier qu'ait peint Mignard, puisque Molière y est plus jeune et ne paraît pas avoir beaucoup plus de quarante ans. C'est en 1663 qu'il jouait le rôle de César dans Pompée, ce que nous apprend *l'Im-promptu de l'hôtel de Condé*, composé par Montfleuri fils à cette même date, pour venger son père des critiques de Molière dans *l'Impromptu de Versailles :*

> Il est vrai qu'il récite avecque beaucoup d'art ;
> Témoin, dedans Pompée, alors qu'il fait César.
> . . . . Il vient le nez au vent,
> Les pieds en parenthèse, et l'épaule en avant ;
> Sa perruque, qui suit le côté qu'il avance,
> Plus pleine de lauriers qu'un jambon de Mayence.

Voilà bien la description *chargée* du portrait de la Co-médie française. Au surplus, qu'il vienne d'Armande Béjart ou de la comtesse de Feuquières, cela importe assez peu, pourvu qu'il soit de Mignard. Ce qui n'est guère douteux, puisque c'est celui des deux portraits de Molière qui a été le plus souvent reproduit. Hubert en a donné, en 1681, une assez mauvaise gravure, qui a servi de type aux portraits des éditions de Hollande et de Belgique. Audran le grava à son tour pour les œuvres de Molière, publiées à Paris en 1710, mais en faisant disparaître le costume d'empereur et la couronne de laurier. C'était un Molière et non un César que les éditeurs demandaient. Puis Cathelin lui rendit sa couronne et sa bandelette, mais sans son manteau et sa cuirasse, en le gravant pour l'édition des libraires associés de 1773. Il avait en ce moment le portrait sous les yeux, car son estampe porte ces indications : *Peint par P. Mignard, gravé par J. Cathelin*, et au-dessous : *Tiré du cabinet de M. Molinier.*

Quelle que soit son histoire et ses pérégrinations, le portrait de Molière, de la Comédie française, est admirablement peint et dessiné. La physionomie est d'une haute expression, le regard est assuré, c'est celui de l'observateur de génie qui a saisi, sur le vif, les moindres détails de la Comédie humaine. La bouche parle, elle a quelque chose de fier et de sérieux qui laisse plutôt entrevoir l'amertume que le rire. Le geste est noble, le bras et la main sont superbes. La peinture est éclatante, les ombres sont justes et bien posées, elles ont cette teinte tirant sur le gris-roux qui était particulière à Mignard. Les clairs sont attaqués en pleine pâte, avec une force et une franchise que les caresses du pinceau n'ont pas amollies. C'est donc une œuvre très-remarquable et qui fait le plus grand honneur à Mignard.

Le portrait de Mme de Sévigné était charmant. Nous l'avions deviné, lorsque nous disions que si elle s'était fait peindre, elle ne s'était pas contentée d'être belle, mais qu'elle avait dû vouloir retrouver dans son portrait le pétillement et la flamme de son esprit (1). Il est impossible de voir une phy-

____

(1) Etude sur Pierre Mignard, etc., Mémoires d'Archéologie lus à la Sorbonne, année 1867, p. 419.

sionomie plus séduisante. On se la figure bien ainsi cette
spirituelle marquise, qui n'était pas trop fâchée que ses amis
aient tous pris la routine de dire qu'elle était belle (1) ; —
qui se désolait que l'air de Nantes, un peu mêlé de celui de
la mer, lui perdit le teint (2) ; — qui se réjouissait de ce que
son fils la trouvait toujours belle comme un ange (3); et
que sa fille pût encore l'appeler sa *Bellissima Madre* (4) ;
— qui disait que sa petite-fille Pauline était la plus jolie petite créature, et se hâtait d'ajouter, par un retour sur sa
jeunesse envolée : Hélas! ai-je été jamais si jolie quelle? on
dit que je l'étais beaucoup (5) ; — qui plus tard était fière
de soutenir vaillamment l'affront d'être grand'mère d'une
fille de seize ans (6), — et qui avait le plaisir, à soixante-
quatre ans, en mangeant, comme si elle était Bretonne, des
beurrées infinies, de voir qu'elle y marquait encore toutes
ses dents (7).

Mᵐᵉ de Sévigné, dans son portrait (8), est tournée à
gauche et montre, de la main droite, sans doute ce portrait
de sa fille, peint également par Mignard et qui la ravis-
sait : « Il voulut voir votre portrait; il est Romain, il s'y
» connaît : je voudrais que vous et M. de Grignan eussiez
» pu voir l'admiration naturelle dont il fut surpris, quelle
» louange il donna à la ressemblance, mais encore plus à la
» bonté de la peinture, à cette tête qui sort, à cette gorge
» qui respire, à cette taille qui s'avance, il fut une demi-

---

(1) Lettres de Mᵐᵉ de Sévigné, tom. III, p. 282.
(2) Ibid. II, p. 340.
(3) Ibid. V, p. 120.
(4) Ibid. IV, p. 468.
(5) Ibid. VI, p. 37.
(6) Ibid. VIII, p. 3.
(7) Ibid. IX, p. 460.

(8) Il paraît qu'il a été peint pour Mᵐᵉ de Grignan et transmis par
succession à Mᵐᵉ de Luçay, sa petite-fille. Il appartient aujourd'hui à
M. le comte de Luçay. Mᵐᵉ de Sévigné n'en parle pas dans ses lettres, il
est vrai qu'elle ne parle pas davantage de son portrait par Nanteuil.

» heure comme un fou. Je voudrais bien porter votre por-
» trait avec moi. Ah! que je disais vrai l'autre jour, quand
» je vous assurais que quelqu'un qui m'aimerait devrait
» être content d'être aimé, comme j'aime cette aimable
» copie (1). » Mme de Sévigné a l'air vif et enjoué et non
cette physionomie sérieuse, cette figure carrée et trop courte
du pastel de Nanteuil (2), froid comme une œuvre de gra-
veur, qui pense plus aux tailles de sa planche qu'au caractère de la personne qu'il doit représenter. Mignard l'a habillée
d'une robe de satin blanc, rehaussée de rares ornements
d'une couleur sombre. On sent que les pensées se pressent
et voltigent dans sa tête, elle leur sourit d'un regard à demi-
voilé. Mais sa bouche parle. Il les a entendues, son peintre,
ces fines malices qu'elle décoche contre les ridicules de son
siècle. Parez donc les corps, belles dames, vaniteux personnages, qui serez depuis longtemps couchés dans la tombe,
quand la postérité les relira encore ces immortelles moqueries
pour en rire toujours ! « Ah ! masques, je vous connais, en
» voyant entrer de certaines gens annoncés sous de grands
» noms : comment cette pensée si naturelle, et qui paraît
» si simple, ne m'est-elle point venue mille fois, à moi qui
» hais mortellement les grands noms sur de petits sujets?
» J'admire l'humilité de ceux qui veulent bien les porter ;
» ils les refuseraient, s'ils avaient l'esprit de faire réflexion
» à ce que leur coute l'explication de ces beaux noms et
» comme elle tombe tout en outrage sur leurs pauvres pe-
» tits noms (3). » N'est-ce pas du plus pur Beaumarchais.
Sir Richard Wallace avait aussi envoyé un tableau de Mignard : *Portrait en pied d'une princesse et de ses enfants.*
Le catalogue aurait pu être moins bref, car de Monville parle
de ce portrait (4) qui représente une femme jeune et belle

---

(1) Lettres de Mme de Sévigné, tom. IV, p. 115.
(2) N° 628 du Catalogue de l'Exposition d'Alsace-Lorraine.
(3) Lettres de Mme de Sévigné, tom. X, p. 279.
(4) Vie de Pierre Mignard, p. 148.

figurant une Thétis assise au bord de la mer, ayant à ses côtés un fils déjà grand, habillé en Achille, portant cuirasse et la lance au poing. Elle a près d'elle un autre fils plus jeune dans le costume mythologique de l'amour, c'est-à-dire avec un simple carquois garni de flèches. Il présente à la déesse une coquille, des perles et du corail. La mer fait le fond du tableau. C'est la marquise de Seignelay, la belle Matignon, qui avait épousé Jean-Baptiste Colbert, fils aîné du grand Colbert. Formé de bonne heure aux affaires par son père, il devint à vingt-cinq ans ministre de la marine et mourut à trente-neuf ans (1690), laissant à la France la plus belle et la plus puissante marine de l'Europe, successivement victorieuse des Génois, de la Hollande et de l'Angleterre. Ce portrait signé : *P. Mignard, fecit,* 1691, c'est-à-dire à l'âge où il avait dépassé quatre-vingts ans, est d'un coloris admirable et ne sent ni l'affaiblissement des facultés de l'artiste, ni la pesanteur de l'âge.

De toutes les œuvres de Mignard, exposées au palais Bourbon, la plus belle sans contredit était le portrait d'une gracieuse pécheresse qui était en Madeleine (1), nue jusqu'à la ceinture, avec ses cheveux épars l'entourant comme d'un voile. Son bras droit reposait sur une table, elle avait la tête inclinée plutôt qu'appuyée sur le bras. Un manteau bleu à reflets blanchâtres l'enveloppait. Elle tenait de la main gauche un vase de parfums et avait à côté d'elle la tête de mort symbole de la fragilité et du néant de la vie. Son profil était fin, son nez délicat, sa bouche charmante. Ses cheveux étaient d'un blond cendré, ses yeux d'un bleu exquis, elle les levait au ciel, peut-être pour implorer le pardon de ses fautes, peut-être aussi pour les faire mieux voir, car ils avaient une douceur infinie et étaient les plus beaux du monde. Sa physionomie avait une expression délicieuse. Sa personne était remplie de charmes, ses mains étaient effi-

---

(1) Collection de M. Jules Claye.

lées, aristocratiques, ses doigts nuancés, comme des boutons
de rose.

Nous avons cru y voir le portrait de la belle comtesse de
Ludres, qui, chanoinesse de Poussay à quinze ans, serait
sans doute devenue duchesse de Lorraine, si le duc Charles IV
de Lorraine, cet étourdi de soixante ans qui s'était épris de
sa beauté et voulait l'épouser, avait pu oublier qu'il était
déjà marié et que Béatrix de Cantecroix, sa femme, vivait
encore à Besançon où elle était reléguée. Mise en évidence
par cet événement dont le bruit était venu à Versailles,
Mme de Ludres devint successivement fille d'honneur d'Hen-
riette d'Angleterre, et après la mort de cette princesse, de la
reine. On ne l'appela bientôt plus que *la Belle de Ludres*.
Ses poursuivants furent nombreux, Sévigné, de Marsan,
Vivonne, Vendôme, qui voulait se battre avec Vivonne à
cause d'elle, jusqu'au jour où Junon-Montespan, ayant été
impérieuse et fantasque plus que de coutume, Jupiter daigna
jeter les yeux autour de lui et trouver la jeune chanoinesse
plus jolie et surtout plus douce qu'elle. Devant un pareil
adorateur, tous les autres s'effacèrent comme les étoiles devant le soleil. « Mais cet amour passa avec la rapidité de
» l'éclair, dit Saint-Simon, l'amour pour Mme de Montespan
» demeura triomphant. » Ah! ma fille, s'écrie Mme de
» Sévigné, quel triomphe à Versailles! Quel orgueil re-
» doublé! Quel solide établissement! Quelle duchesse de
» Valentinois! Quelle reprise de possession! Je fus une
» heure dans cette chambre, elle était au lit, parée, coiffée,
» elle se reposait pour la *médiunoche*..... elle donna des
» traits de haut en bas sur la pauvre Io et riait de ce qu'elle
» avait l'audace de se plaindre d'elle. Représentez-vous
» tout ce qu'un orgueil peu généreux peut faire dire dans le
» triomphe, et vous en approcherez (1). »

Après être restée quelque temps affligée et pleurante

---

(1) Lettres de Mme de Sévigné, tom. V, p. 170.

chez la duchesse d'Orléans, Mme de Ludres se réfugia dans le couvent des filles de Sainte-Marie, où elle se fit peindre en Madeleine par Mignard, toujours jeune, toujours belle et se flattant peut-être de ranimer, par l'absence, la passion du roi. Mais il ne vint pas l'y voir, le sérieux commençait à lui arriver et Mme de Maintenon à poindre à l'horizon. « Si elle » a voulu échauffer le roi par là, dit crûment Bussy, elle » est bien attrapée; je ne crois pas que cette vocation dé- » plaise. » Enfin, Mme de Scudéry se charge de sonner le glas de ses amours : « De Ludres est oubliée, comme si elle » était morte du temps du déluge. »

Mme de Ludres ne se le fit pas répéter. Elle se retira en Lorraine, où elle vécut dans l'obscurité. « C'est une bonne » personne qui s'est convertie, dit la duchesse d'Orléans, » ne pense qu'à bien élever ses nièces et s'ôte le pain de la » bouche pour les enfants de son frère. »

En voilà assez sur ce portrait, car je ne finirais pas, si je voulais tout dire. Ce qui distingue surtout Mignard et lui assure une incontestable supériorité, c'est que le grand siècle tout entier a posé devant lui. On ne peut guère s'imaginer, aujourd'hui, de quelles négociations un portrait de sa main devenait l'objet. « Votre portrait, écrit en 1675 Mme de » Sévigné à sa fille, devient chef-d'œuvre à vue d'œil; je » crois que c'est parce que Mignard n'en veut plus faire (1). » Il n'y pouvait pas suffire, et toutes les femmes, les plus puissantes comme les plus belles, en raffolaient, non pas qu'il les fît toutes belles, ce qui ne leur aurait pas précisément déplu; mais c'est qu'il savait, avec un art infini, saisir la pose heureuse, la perspective favorable à leurs physionomies, de sorte que, tout en les faisant ressemblantes, il les montrait toujours par leurs beaux côtés. Sa réputation fut universelle et lui a valu ce mot de La Bruyère, si sobre de compliments dans sa galerie : « Vignon est un peintre, l'auteur

______

(1) Lettres de Mme de Sévigné, tom. IV, p. 70.

» de Pyrame est un poëte, mais Corneille est Corneille,
» Mignard est Mignard. » Plus qu'un autre, il eut l'univer-
salité, la noblesse, et montra partout, dans ses œuvres, un
sentiment élevé de la nature, un style noble et une rare dignité. Son coloris était brillant et agréable, sa touche suave
et fondue, et après deux siècles écoulés, l'éclat de ses peintures n'a ni pâli ni subi d'effacement par les autres, fussent-
elles même contemporaines. On peut donc dire que s'il n'eut
pas toute la grandeur, il n'eut pas non plus les défaillances
du génie, et de même qu'Annibal Carrache avait au xviie siècle
essayé de ramasser le pinceau de Raphaël, Mignard reçut le
sien des mains du Poussin, non pour le faire oublier assurément, mais quelquefois et de loin en faire souvenir.

Puisque nous en sommes aux portraits, notons celui qui
a été peint par Nattier et qui fait partie de la collection
choisie de Mme Lyne Stéphens, que nous avons déjà eu occasion de signaler.

C'est le portrait d'une jolie femme, représentée en Vénus,
cela devait être ; assise sur des nuages, comme toute déité légère ; jouant avec les colombes que l'amour avait sans doute
détachées de son char. Il était impossible de voir plus délicieux assemblage de couleurs, le bleu de ciel, le blanc, le
lilas, le rose tendre, se coudoyant dans un accord merveilleux, sans se heurter. Un œil de poudre, des nœuds de perles
dans les cheveux ; le regard perdu ; du rouge aux joues, un
peu trop peut-être ; mais c'était la mode, et comment s'en
passer ; juste assez de corsage pour rester déesse de la beauté,
sans être dans un déshabillé trop mythologique ; de beaux
bras se faisant voir sans terreur ; des pieds d'enfant empri-
sonnés dans d'élégants cothurnes ; un petit air penché et rê-
veur pour paraître plus touchante, n'est-ce pas le portrait
de la jolie femme au xviiie siècle. Aussi, Nattier en devint-il
le peintre attitré. Puis, comme il savait peindre les étoffes !
ces adorables étoffes, soyeuses, bruissantes, satinées, étin-
celantes, enchanteresses, et les dentelles et les fleurs, et les

bijoux et tous ces délicieux papillotages qui forment l'écrin dans lequel la femme enchâsse sa beauté. Elles se reconnaissaient dans leurs portraits, ces jolies femmes, au milieu de cet entourage. Elles y trônaient. Elles se trouvaient plus belles et proclamaient partout Nattier un peintre de génie, le plus grand assurément des peintres passés, présents et futurs. Il faut convenir qu'il maniait le pinceau avec beaucoup de souplesse et de grâce, et qu'il avait une étonnante habileté. « Il faisait, dit le galant Casanova, qui de-
» vait s'y connaître, le portrait d'une femme laide, il la pei-
» gnait avec une ressemblance parfaite, et, malgré cela,
» ceux qui ne voyaient que son portrait, la trouvaient belle,
» alors que l'examen le plus minutieux ne faisait découvrir
» dans le portrait aucune infidélité. Mais quelque chose
» d'imperceptible donnait à l'ensemble une beauté réelle
» et indéfinissable. »

Les plus brillantes qualités se rencontrent dans le portrait de Mme Stéphens, et son coloris harmonieux, frais et caressant, mérite véritablement à Nattier ce titre que Gresset lui décerne, d'*élève des grâces et de peintre de la beauté*. Notre Musée possède un portrait de sa main qui serait intéressant, si un restaurateur mal avisé ne s'était acharné à enlever à la figure ses plus fins glacis. Un de ses malheurs encore, c'est qu'il représente un magistrat en robe noire, et que le *peintre de la beauté* a dû se hâter de quitter ce maussade pour retourner au plus vite à ses charmants modèles.

Wateau, par un de ces retours inattendus de la fortune, a, depuis quelques années, reconquis la place qu'il avait perdue en France depuis l'arrivée des Romains de l'école de David. Seulement ses tableaux ne sont pas nombreux, il a si peu vécu d'ailleurs. Le Louvre n'a que *l'Embarquement pour l'île de Cythère*, il est vrai qu'il peut tenir lieu de beaucoup d'autres, puisque c'est son chef-d'œuvre. Notre Musée en a deux qui sont charmants : *l'Enchanteur* et *l'Aventurière*. On pouvait donc se demander ce qu'étaient devenus tous les tableaux dont nous parlent les catalogues des collections fameuses et les estampes du siècle dernier. Les Anglais, plus sérieux que nous, ont su profiter de notre inconstance et acheter toutes celles des productions de Watteau qu'ils ont rencontrées dans le temps de sa défaveur. Aucun de ses tableaux n'a repassé la mer, et si la collection Lacaze n'en avait pas recueilli quelques-uns, ce maître serait à peine représenté dans les collections publiques de son pays natal.

L'Exposition du palais Bourbon nous en a montré sept. D'abord, la célèbre *Enseigne du Café des Singes,* qui nous fait voir le talent de Watteau, dans ses commencements, lorsqu'il venait de quitter Gillot ; puis l'*Amour désarmé* de la collection du duc d'Aumale, imitation de Paul Véronèse, alors que Watteau cherchait à s'approprier la palette des Vénitiens, après s'être longtemps inspiré de celle de Rubens ; *la Rêveuse* de la collection Burat, qui a été gravée par Aveline, pour la belle publication de M. de Julienne, l'ami dévoué de Watteau. C'est un véritable bijou de coloration. Le tableau n'est pas grand (24 cent. sur 17) il représente une jeune femme coiffée d'un simple foulard, en robe de satin, avec un corsage garni de fourrures. Elle tient un éventail et est assise au pied d'un arbre à la frondaison épaisse, au tronc rugueux, d'une facture plus serrée qu'il n'est habituel à Watteau. Il avait représenté ainsi, et dans les mêmes dimensions, plusieurs personnages isolés : l'*Amante inquiète,* la *Polonaise,* le *Pénitent,* probablement pour essayer ses forces avant d'aborder les grandes compositions. *La Finette,* l'*Indifférent* de la collection Lacaze, seraient-ils de la même époque? Nous l'ignorons, tout en reconnaissant que, dans ces deux tableaux, le talent de Watteau s'était élevé, et qu'il y a, chez eux, plus d'esprit, plus de fantaisie encore, avec une élégance et des colorations indescriptibles, inattendues, qui semblent sorties du pays des rêves qu'habitait la riante imagination de Watteau.

Quant à *la Gamme d'amour* de Mme Lyne Stéphens, c'est un vrai chef-d'œuvre. Aux pieds d'un dieu Terme, barbu et sérieux, qui s'élève au milieu de là feuillée, Mezzetin, — « le gros brun au visage riant, » — assis et penché, donne en souriant, sa guitare à la main, une leçon de chant à une ingénue, assise plus bas que lui et qui voudrait savoir la jolie chanson de l'amour. Elle en épèle les premières notes dans le cahier qu'elle tient ouvert, l'expérience de son maître saura lui enseigner le reste. Un peu au delà, une autre jeune fille ne chante plus, mais écoute avec un bonheur mêlé de crainte les tendres propos d'un jeune homme assis à ses pieds; une troisième au bras de son amoureux, s'en va, jasant avec lui au plus épais des bosquets; enfin un dernier groupe, dont on n'aperçoit au loin que les bustes, arrive au bord de ce lac mystérieux au milieu duquel est située l'île de Cythère, qu'ils voudraient aborder. N'est-ce pas là toute la gamme d'amour dont les deux premiers personnages ne sont que la mise en scène et le prétexte? La peinture est claire, brillante, argentine. L'union de Véronèse et de Rubens s'est faite sur la palette de Watteau, et il n'est guère possible de voir deux figures plus réussies que le Mezzetin et la jeune fille, avec le contraste de l'éclat de leurs costumes de soie, les tons bruns de l'homme et les blondeurs argentées de la poitrine de l'ingénue, qui est ravissante dans sa pose abandonnée.

Mais la merveille était *l'Ile enchantée,* peinte par Watteau pour M. Cartaud, architecte du duc de Berry, et qui, après avoir appartenu à Joshua Reynolds et à M. Malworthy, est arrivée dans la galerie de M. John Wilson, ce généreux Anglais qui, voulant à tout prix un tableau de Constable et ayant appris que c'était le Musée du Louvre qui le lui avait fait payer 56,000 fr., s'en vengea en le lui offrant le lendemain et en priant son directeur d'en venir choisir un second dans sa galerie, tout heureux de voir la France, ce qui était nouveau, apprécier à si haut prix les œuvres d'un peintre son compatriote. N'est-ce pas là un trait particulier? Encore a-t-il fallu que cet Anglais fût millionnaire pour s'en passer la fantaisie.

L'Ile enchantée est un des plus célèbres tableaux de Watteau, et notre joie a été grande de pouvoir le contempler et l'étudier à notre aise. Le site est une vision plutôt qu'une vue, et les montagnes neigeuses du fond apparaissent dans la lumière bleue comme un mirage ou un rêve. Un beau lac aux eaux paisibles et transparentes est en avant, il est bordé de grands arbres à rameaux ruisselants jusqu'à terre, qui donnent de la profondeur et du mystère à la scène. On sent que l'île enchantée répand au loin ses chaudes effluves, son atmosphère enivrante et parfumée. Assises sur le vert gazon, au bord du lac, de belles dames en fraîches toilettes et d'élégants cavaliers achèvent langoureusement, dans les derniers murmures de la conversation du soir, une délicieuse journée d'été. Plusieurs tournent le dos au spectateur, mais leurs poses sont si naturelles, l'expression est si vivement saisie, qu'on devine les conversations. Il est impossible de toucher des figures avec plus de finesse et d'esprit. Et ce qui étonne, c'est que l'éclat de la couleur ne nuit aucunement à son harmonie, tant est grande la délicatesse du pinceau et l'habileté du maître à exprimer et à fondre toutes les nuances, quelque vives et multiples qu'elles soient.

On peut donc dire que, dans ce tableau, Watteau s'est surpassé et qu'il a tiré de son imagination une vision enchantée. N'a-t-il pas, d'ailleurs, dans son œuvre, créé tout un monde idéal qui n'appartient ni au temps, ni à la terre, et su rajeunir la grâce elle-même?

La grâce plus belle encore que la beauté.

La grâce chez les anciens avait quelque chose de plastique et de rigoureux comme la perfection même. C'est la froideur et la sévérité du marbre, peu importe qu'on l'appelle la

Galatée ou *la Vénus de Milo*. La grâce de Watteau est la grâce des temps modernes. Elle est un charme, une coquetterie, un souffle qui semble faire épanouir chez la femme la beauté en sourire, son élégance et ses formes en esprit capiteux et subtil. La femme de Watteau, c'est la femme avec toutes ses séductions ; les ondulations et les souplesses de son corps ; les langueurs, l'abandon, les nonchalances, la cadence de ses poses ; ses jolis profils ingénus, penchés, étonnés, éveillés, futés même ; le jeu de ses doigts roses sur la nacre et l'écaille de son éventail ; le pincement de la taille, les indiscrétions du corsage, les plis de la jupe, la cambrure des petits pieds, perchés sur de hauts talons ; les bonheurs du maintien, les élégances du geste, les finesses du regard et toute cette science innée qui ondule, miroite et rayonne de la femme jeune et belle, que son miroir lui a révélée dans les longues confidences de l'arrangement de sa coiffure, à l'air de son visage. C'est bien la grâce de la femme dans sa fleur et son accent, elle est chez Watteau immortelle et fixée, et qui l'a vue et comprise une fois, ne l'oubliera plus.

Mais il lui fallait sa mise en scène à la femme. Watteau la lui a donnée. Il l'a créée de toutes pièces. Les gazons de ses paysages sont fleuris, ses bois verdoyants et translucides ; ses arbres se contournent en berceaux ou en cascades de feuillages ; ses déserts sont couleur d'azur, l'haleine des zéphirs les attiédissent, les lacs et les eaux jaillissantes les tempèrent, tout est souriant, radieux dans cette nature imaginaire ; le soleil brille sans fatiguer les yeux, sa lumière dort sur les pelouses, pénètre les verdures et les illumine comme des apothéoses. C'est le mariage de l'art avec la nature. Les jardins ont des buissons de roses sans épines, des fêtes éternelles les égaient, les bosquets résonnent de lointains accords, l'écho est mélodieux, c'est la comédie de la vie toujours riante, toujours parée, quels que soient les acteurs.

Dans ce pays des chimères, les promenades sont sans but,

les soins de la vie n'existent pas, les soucis s'assoupissent
dans l'oubli, les vivants sont des ombres, les femmes ce sont
les âmes des *Fiorina,* des *Rosalinde,* des *Aurélia,* des
Silvia et de toutes les reines *de ce que vous voudrez* dans le
pays *d'où il vous plaira.* C'est l'Olympe de Watteau, c'est
sa Cythère envolée des caprices de sa fantaisie, comme un
beau songe. C'est aussi l'amour du xviiie siècle, languissant,
rassasié, d'où est sorti l'amour moderne avec son calme,
sa mélancolie, sa couronne de tristesses.

Si l'homme passe au travers de son œuvre, il a l'œil
atone et morne. Indifférent, il voit les baisers qui s'échangent,
il regarde aimer avec ennui. Il paraît las comme un violon de
noces, qui ne se retourne pas vers les fêtes qu'il mène, et
n'entend plus la chanson des jeunes amours, qu'il chante
toujours la même depuis si longtemps.

Et, pour encadrer tout cela, quel prestigieux pinceau et
quelle peinture ! C'est l'art de la France, c'est celui de la
Flandre, c'est Venise mêlés et pétris ensemble sur la même
palette qui n'a plus rien de français, ni de flamand ni de vé-
nitien. C'est l'éblouissant dans le plus exquis de l'art des trois
pays. — Un je ne sais quoi de léger, d'insaisissable, d'imprévu, une fantaisie de tons sans précédents, qui demeurera
sans postérité et qui va, par l'imperceptible, au-delà de ce que
peut donner la couleur.

Qui donc a jamais peint les femmes comme Watteau ?
Quels soins, quelle recherche, quels égards dans sa touche,
pour les étoffes, les satins, les robes, les rubans, les fan-
fioles et leurs miroitements, les jolis minois et les mains effi-
lées de ses femmes ! Et ses paysages ! Quelle couleur verdis-
sante, bleutée, surnaturelle, ambrée, ronflante sous les rayons
d'un soleil qui enveloppe, réchauffe et fait évanouir dans le
doux éclat de sa lumière les tons les plus audacieux, des
robes roses, des robes jaunes, des camails bleus, des vestes
de satin, des manteaux gorge de pigeon de ses amoureux.
Watteau est un enchanteur, un poète, le plus grand peut-

être du xviiie siècle, qui a son portrait fait en pied, d'un seul mot, et c'est l'Académie qui l'a trouvé, *le Peintre des fêtes galantes*, et nul autre, quelles qu'aient été les visées, n'a pu l'être après lui.

Les tableaux de Lancret et de Pater, ces deux élèves de Watteau, étaient aussi nombreux que ceux de leur maître. Il y avait du premier un *Joueur de basse* de la collection Burat qui présentait de l'intérêt à cause de sa sincérité. C'est un portrait au milieu d'un paysage. La physionomie est spirituelle et bien rendue et la coloration réunit la solidité à la finesse. Le livret croit que le personnage rappelle les traits de Watteau; il doit nous suffire, pour le goûter, qu'il soit bien dessiné et peint de main de maître. Dans *les Plaisirs champêtres*, de la collection Haas, les personnages sont charmants, seulement le paysage, dans les lointains surtout, paraît fade, parce qu'il a sans doute été peint de pratique, en dehors de la nature. La *Grande Scène champêtre* de Mme Gustave de Rothschild est un fort beau Lancret. Il tient le milieu entre la première manière du maître, qui était plus légère, plus voisine de Watteau, et sa dernière manière, plus faite, plus achevée, qui est celle dans laquelle il représenta plusieurs des contes de La Fontaine. Je préfère même la scène champêtre de Mme de Rothschild à *la Maréchale de Luxembourg* de la collection Wilson, si bien traduite par la pointe spirituelle de M. Martinez. *Traduttore, traditore*, dit pourtant un proverbe italien, mais il est parfois des trahisons flatteuses qui sont pour servir les gens. C'est ce qui est arrivé ici à Lancret, qui a perdu dans la gravure les tons trop vifs et presque violents de sa peinture. Ce Lancret, quasi-officiel, représente la maréchale de Luxembourg qui n'est plus très-jeune et se tient droite et roide, à cause sans doute de sa dignité. Elle porte une robe rayée de blanc et de rose, qui est jolie et vient de la meilleure faiseuse; mais quelle idée de l'avoir arborée, pour pêcher à la ligne, il est vrai que c'est dans une rivière de comédie. C'est surtout un portrait, et il

est à croire que la maréchale pensait, dans ce moment-là,
un peu plus aux Montmorency, ses nobles aïeux, qu'aux poissons qui dédaignent l'honneur qu'elle veut bien leur faire, de
les tirer de l'eau avec son hameçon. La jolie petite fille, qui
tient à côté d'elle un panier pour les conduire à la poêle à
frire, en sera pour ses frais. Elle se consolera en entendant
la musette de ce jeune berger, qui veut désennuyer en même
temps Mme la Maréchale et les poissons. Seulement,

L'auditoire étant sourd aussi bien que muet,

les poissons du moins, il ne pourra pas savoir s'il a réussi.

Le plus grand mérite de cette toile assez grande (58 cent.
sur 73) est d'offrir un intérêt historique.

Que j'aime mieux *la Dame au parasol* de la collection
Rothan, et sa jolie robe de satin et son air penché sous le parasol rose que tient, au-dessus de sa tête, sa camériste, afin
de protéger son teint délicat. Elle a aussi à côté d'elle un
joueur de flûte. Elle ne paraît guère l'écouter, car elle cause
avec sa suivante, sans soupçonner qu'elle est observée par
deux bergères dont on aperçoit entre des buissons les têtes
curieuses ; elles veulent savoir à quelle déesse s'adresse la
musique qu'elles entendent dans le bocage. Les bergeries
étant à la mode, Lancret les faisait souvent plus souriantes
qu'exactes, et n'y mettait pas plus de prétention que s'il eût
voulu composer un bouquet. Il y a là de jolis roses, un rouge
assez vif qui fait tapage au milieu des gris argentés et des
verdures assoupies. Quant au dessin, il a couru à toute bride
sur la toile, il n'est pas étonnant qu'il se soit heurté çà et là
à des têtes et à des mains trop vivement rencontrées. Mais
elles sont si jolies, qu'on leur pardonne de s'être laissé entraîner aux caprices et à l'esprit de ce gracieux pinceau, qui
sauve tout par sa gaieté même et son sourire.

On a tant parlé du *Déjeûner de jambon*, appartenant au
duc d'Aumale, que je n'en saurais plus rien dire. C'est un
Lancret signé et daté de 1735. Il a été peint pour les petits

appartements de Louis XV à Versailles. Le jambon paraît excellent, le vin meilleur encore, puisque un des convives qui leur a fait fête essaie de monter sur la table, pour les célébrer dans un couplet. Mais son pied est aussi lourd que sa tête, il n'arrivera pas. C'est un bon tableau, un peu froid peut-être, parce que le peintre a voulu se surpasser, et que, dans les arts, les efforts n'ont jamais valu la libre allure.

Je ne dirai qu'un mot de Pater et des *Scènes champêtres* de la comtesse Duchatel. Ce sont deux tableaux finement peints, mais de quel pinceau léger, hâté, de quelle frêle couleur ! On aperçoit bien ici et là des retours sur les glacis et des accents ajoutés après coup, seulement ce qui s'accepte dans un dessin, à cause de la liberté du travail et du va-et-vient de la sanguine ou du crayon, n'est plus de mise dans la peinture, qui exige plus de préparations, et de dessous, pour être solide. Chez Pater, les personnages sont souvent touchés si légèrement, qu'ils paraissent tout-à-fait exsangues et ne se tiennent certainement debout que par l'intention. Il y a pourtant beaucoup de facilité et d'esprit dans ces deux tableaux, et toutefois, moins de peinture et de mouvement que dans *les Plaisirs du camp* de M. Wilson, qui sont une répétition libre du tableau du Louvre, *les Grisettes au camp*. La gravure des Plaisirs du camp pourrait servir de frontispice à la guerre de sept ans. Car il est impossible de conduire plus galamment la guerre. Il s'agit bien vraiment de batailles et de combats, la guerre est faite pour mener joyeuse vie, boire, jouer, chanter et faire l'amour. C'est du moins Pater qui le dit, dans son tableau vivement dessiné, lestement peint et dont tous les personnages, militaires et filles, s'agitent en tous sens avec une verve endiablée.

Nous sommes arrivé à la fin des peintres des fêtes galantes, car ce furent aussi les titres donnés à Lancret et à Pater, lors de leur réception à l'Académie royale de peinture. Il y en eut un encore, qui ne les égala pas, Leclerc des Gobelins, intéressant à étudier, bien que ce soit entre ses mains que le pinceau de Watteau se soit définitivement brisé.

Lancret eut un talent qui est un mélange de goût, de travail et de facilité, avec beaucoup d'aptitude à l'imitation, mais aussi quelque lourdeur. Il fut le peintre des salons et n'eut jamais l'entrain, la vivacité d'imagination, la fleur de poésie de Watteau. Il déserta le royaume de la fantaisie pour faire de la simple prose avec des bergeries, des scènes champêtres, qui sont chez lui quelque peu vulgaires dans l'exécution, ainsi que dans le choix des sujets. Ses personnages sont trop souvent dessinés sans le modèle et n'ont ni l'élégance, ni la finesse de ceux de Watteau.

Pater eut plus de verve et d'esprit. Malheureusement, ses tableaux sentent trop l'improvisation et quelquefois l'ébauche. S'il avait apporté dans ses œuvres le soin, l'étude et le travail de Lancret, il l'eût assurément dépassé, car, né à Valenciennes, il avait le sentiment inné du coloris qui est naturel aux Flamands. Quoique dessinateur inégal et travaillant peu d'après nature, il a racheté ses défauts par un coloris suave, harmonieux, habilement dégradé dans les fonds. Sa touche est généralement moëlleuse et fondue, parfois un peu lourde, parfois aussi un peu aiguë, si ce n'est dans les lointains qu'il savait rendre très-vaporeux, et dans les allées fuyantes de ces jardins coquets où il réunit les beaux messieurs et les abbés de cour en quête de leurs inhumaines, ou bien suspend l'escarpolette qui fait rire les dames et attire autour d'elles des cavaliers empressés.

Lancret vécut heureux et jouit de sa réputation de son vivant même, car presque tous ses tableaux furent gravés sous ses yeux, par les plus habiles artistes.

Pater, qui eut peu de relations et pas d'amis, n'eut d'autre passion que la peinture. Il se consuma dans un labeur sans trêve, afin d'acquérir l'aisance après laquelle il courait, car, fils de meunier, comme Watteau était fils de couvreur, il n'avait pas été plus que lui bercé sur les genoux d'une duchesse. Aussi mourut-il jeune, après avoir cherché à réaliser ce programme insensé : *Vivre pauvre afin de mourir riche*.

Je ne dirai rien des dix-neuf tableaux de François Boucher qui étaient à l'Exposition d'Alsace-Lorraine, et bien que David ait dit un jour : — « N'est pas Boucher qui veut, » — je pense que cet éloge, échappé au réformateur de l'école française, était plus pour relever sa victoire que le maître favori du xviii° siècle. Laissons donc *la Vénus* de sir Richard Wallace, *les Quatre-Saisons* de M. Ridgway, *la Peinture, la Musique* et *la Femme couchée* de M. Rothan. Boucher a créé, pour l'époque de Louis XV, une mythologie particulière qui n'est ni l'Olympe d'Homère, ni l'Olympe de Virgile, mais un Olympe de *l'Art d'aimer*, avec le même sensualisme, les mêmes tableaux voluptueux que ceux tracés par la plume d'Ovide. Sous ses pinceaux, le nu a perdu toute sa sévérité. Ses divinités, ses nymphes ne sont plus que des femmes déshabillées, qui n'ont pas, comme les statues antiques, leur beauté sérieuse et leur pudeur pour voiles. Ce sont des courtisanes provocantes, effrontées, qui font étalage de leur chair fleurie dans des attitudes imaginées pour irriter le désir et faire appel à la volupté. Je ne m'arrête pas davantage à ses enfants aux bras engorgés, aux jambes et aux corps bouffis, qu'il suspend en grappes d'amours au-dessus de ses Vénus d'opéra, parce que c'est un art dégénéré inspiré par une dépravation de mœurs qui a eu la cour et les grands seigneurs pour complices. Je dédaigne même son *Joueur de flûte* et ses *Plaisirs champêtres* au marquis de Vogué, ainsi que les deux *Pastorales* des collections Spitzer et Galliera, qui ne sont que le roman de la nature, avec des bergers de fantaisie habillés aux *Menus*, des bergères en paniers, à pompons, à mouches assassines, à colliers de rubans et joues fardées comme les madrigaux du temps. Quels paysages, d'ailleurs, pouvait peindre Boucher, lui qui trouvait que *la nature manquait d'harmonie et de*

séduction, et qu'elle était trop verte et mal éclairée? C'est
pourquoi il s'était appliqué à ôter à l'idylle « cette certaine
» grossièreté qui sied toujours mal, » et, comme disait
» Fontenelle, à tailler en habits de paysans des étoffes
» beaucoup plus belles que celles des paysans véritables. »
Aussi, quels galants travestissements ! Quels jolis bergers !
Quelles adorables bergères, tournées en révérences, avec
leurs moutons de soie à nœuds de rubans, leurs houlettes
fleuries, leurs bouffettes roses ! Et que David a eu raison de
secouer toutes ces fadeurs et de chasser cette ivresse éro-
tique, pour sauver l'art français d'une complète décadence !
Il devenait temps de le retremper aux principes du beau,
dont l'antique avait montré l'application dans ses statues et
les frises immortelles taillées de la main de Phidias, aux
frontons de ses temples.

Cette atmosphère, purifiée par le spectacle de la vertu,
ce fut Greuze qui tenta de l'apporter à l'art français, sous
l'empire des idées de Diderot, qui voulait que le théâtre de-
vînt une *école de morale* et la peinture un *enseignement
pour les familles.* « Voici votre peintre et le mien, disait-
» il dans son salon de 1765, le premier parmi nous qui se
» soit avisé de donner des mœurs à l'art. »

Ce fut donc une véritable révolution dans le domaine de
l'art, lorsque, au milieu de tous ces portraits flatteurs des
maîtresses du roi, des pastels de Latour, qui semait les lis
et les roses en nuages délicats sur la personne de ses modèles, de ces peintures voluptueuses de Boucher, qui sem-
blaient la préface des grands salons de Paris, parut tout-à-
coup : *Le Père de famille expliquant la Bible à ses
enfants.* Un vieillard est assis à l'extrémité d'une table, autour de laquelle sont rangés ses filles, son gendre, son fils et
ses petits enfants ; il tient d'une main la Bible et de l'autre
ses lunettes qu'il vient de quitter, pour expliquer un passage
du Livre saint. Ses mains sont brunies par le travail, sa tête
ridée par la vieillesse exprime la bonté en même temps que la

simplicité du chrétien. La vieille mère abandonne son fuseau pour retenir un petit garçon qui fait aboyer le chien. L'intérieur est rustique, modeste, on sent qu'il y règne un bonheur tranquille. C'est simple et exquis tout à la fois, et nous remercions la baronne Bartholdi de nous avoir montré ce tableau célèbre, qui eut, lors de son Exposition en 1755, un immense retentissement. *La Dame de charité* n'est pas moins émouvante, elle enseigne la charité à ses jeunes enfants, en les conduisant dans la mansarde d'une famille pauvre ; c'est encore une leçon de morale que la vue du *Savetier ivre*, assailli à son retour du cabaret par les larmes de sa femme et de ses enfants qui lui demandent du pain. *La Savonneuse* n'est déjà plus dans cette donnée, et, malgré la modestie des accessoires, elle montre une appétissante jeune fille qui songe plus à se faire voir qu'à blanchir le linge que ses mains pressent au sortir de l'eau. Puis Greuze va se compléter dans un *Portrait de jeune fille* (de la collection du duc de Galliera), dont la mine éveillée et le regard aux aguets indique qu'elle a le soupçon de la mésaventure de sa compagne à la cruche cassée et qu'elle n'en a qu'un médiocre effroi ; car son innocence n'est pas ingénue, c'est l'innocence de Paris et du xviii° siècle.

Je tenais à noter ce tableau qui résume le talent de Greuze. En effet, ce peintre de la vertu qui était si sensible, qu'il demeurait triste tout le temps qu'il passait à peindre *la Malédiction paternelle*, *le Fils puni*, était plus de son époque qu'il ne le croyait. Il se pose en moraliste, et ne dédaigne pas les belles épaules ; en peintre austère, et il tient à montrer les beautés de la fleur en bouton, j'allais dire de la femme à son aurore. Il est vrai qu'il y a des fichus de gaze, mais un rien les dérange, les palpitations de la poitrine les soulève et les écarte, et ils sont si diaphanes, qu'ils laissent apparaître sous leur transparence le rose de la chair. Elle est si jeune, cette faible chair, que le spectacle n'en saurait être dangereux. Puis, est-ce que le remords n'efface pas la faute ? Dans la

langueur de ces beaux yeux, on ne saurait donc voir la volupté, il n'y a plus que le repentir. Et toutefois, cette
cruche cassée, ce *miroir brisé*, cet *oiseau mort*, que pleurent
toutes ces pauvres filles, ne mêlent-ils pas je ne sais quelles
pensées voluptueuses à la morale que Greuze croit écrire?
La faiblesse, on ne l'entrevoit que trop sous l'innocence.
Pour une cruche cassée, pour un petit oiseau mort, voilà
bien des pleurs. Mais ces toilettes flottantes, ces ajustements
sans résistance, ces corsages aux échelles de soie presque
dénouées, ces tabliers qui ont laissé glisser les fleurs, ne
sont-ils pas une provocation, un raffinement de Greuze, car
si un accident peut faire couler des larmes, l'amour aussi, à
seize ans !

> Je ne savais pas même
> Son nom jusqu'à ce jour ;
> Hélas ! lorsque l'on aime,
> On a donc de l'amour ?

Cette naïveté rêveuse, cette candeur étonnée, Greuze a
su mieux qu'un autre la peindre, par un procédé qui n'est
qu'à lui. Voulant exprimer la pudeur émue et surprise, l'in-
génuité de la jeune fille qui a survécu à la faute, il a ima-
giné de placer la tête d'un enfant de douze ans sur le corps
d'une femme. Dans ces sujets, qu'il appelle tour-à-tour *la
Simplicité*, *l'Innocence*, *le Matin*, *la Jeune fille qui pleure
la mort de son oiseau*, *la Cruche cassée*, *le Miroir brisé*, *le
Tendre ressouvenir*, la beauté de la femme s'est levée, les
indiscrétions du corsage la révèlent dans sa grâce virginale,
mais la tête reste celle d'un enfant, avec des yeux qui reflètent l'azur du ciel, des joues arrondies, fouettées par le
carmin des jeunes années, une bouche qui a gardé la moue de
l'enfance. C'est une inconséquence sans doute, et c'est à elle
que nous devons les plus adorables jeunes filles que jamais
l'art ait évoquées.

C'est là le triomphe de Greuze, c'est la grâce et l'en-
chantement de son œuvre, plus encore que ces têtes d'en-

fants aux chevelures blondes, qu'un rayon de soleil mutine et
caresse et dont la physionomie ébauchée a le charme des
choses naissantes et de cette aube confuse qui laisse déjà
pressentir la beauté.

Quant à ses grandes compositions, je trouve que la lumière y est trop éparpillée. Il veut trop qu'on voie tout
l'intérieur de la vie domestique, les ustensiles en ordre,
l'armoire au linge, les pots de confiture, la batterie de cui-
sine, les oignons, la cage du serin, la poupée de la petite
fille, la toupie des garçons. Il est vrai qu'il mêle à tout cela
les marmots qui viennent, en se bousculant, embrasser leur
mère, ou se disputent la cuillerée de soupe qu'elle présente
au plus petit. Aussi, bien que *cela prêche la population*,
comme dit quelque part Diderot, dans son style un peu cru,
l'intérêt n'est pas assez concentré et le style disparaît. Le défaut de Greuze a été de ne faire, dans ses grandes compositions, aucun sacrifice. Ses fonds sont lourds, ses ombres
épaisses, les personnages alors ne peuvent plus se détacher
qu'au moyen d'une gamme générale de colorations sourdes
et grises, où les tons restent indécis et vont flottant du violet
au rouge et au blanc atténués.

Il faut que je me hâte, je ne dirai donc qu'un mot du
Contrat de Fragonard, qui, né en 1732 et mort en 1806, a
résumé dans son œuvre tous les aspects de l'art pendant le
xviii⁰ siècle. La dame, qui est charmante, va signer son
contrat de mariage avec un jeune mauvais sujet qui ne veut
pas être raisonnable. Aussi est-elle rougissante et très-émue.
Il est bien débraillé ce mari, qu'en va penser le monde ? Mais
il est si amoureux, il est si fou.... et elle l'aime tant, ce joli
vaurien, qu'elle prend la plume. Il la fera peut-être pleurer
quelque jour, hélas ! le sort en est jeté. Ce tableau, qui fait
partie de la collection du comte d'Hautpoul, est très-fin,
très-achevé, ce qui est rare dans l'œuvre de Fragonard, qui
se vantait de peindre un tableau en deux heures. Il ressemble
un peu au *Verrou*, dont le sujet est plus vif encore, quoi-

qu'il mette le spectateur à la porte de cette chambre que l'amour vient de fermer.

Et ce délicieux portrait de Mme Vigée-Le Brun (1), comment n'en rien dire? Je voudrais glisser, il me saisit au passage. Elle est toute charmante, en effet, sous son chapeau de feutre, à plume noire, posé sur la tête avec une certaine crânerie, ses cheveux déroulés dans un gracieux désordre. Son corsage de linon blanc, relevé par un nœud et une ceinture couleur cerise, son écharpe noire, ses grands yeux expressifs, son teint brillant, sa bouche parlante et spirituelle la font si jolie que je ne m'étonne guère qu'elle ait compté M. de Calonne parmi ses nombreux adorateurs. Elle a sans doute su s'en défendre, car les fées s'étaient réunies autour de son berceau pour lui faire leurs dons. Et si l'une lui avait apporté la beauté, l'autre une palette et des pinceaux, celle-ci la grâce, il y en avait une qui lui avait donné l'esprit; seulement la fée maligne, qui n'avait pas été conviée, lui fit épouser M. Le Brun, l'expert en tableaux, qui était beaucoup plus âgé qu'elle et fort dissipé, en sorte qu'il lui fallut bien s'en consoler. Ses succès et de hautes amitiés l'y aidèrent. Il faut lire sur tout cela les souvenirs qu'elle a laissés. Les traces de Greuze l'entraînèrent à affadir la ressemblance et à se contenter d'un spirituel à peu près, que la vogue de ses portraits explique et la rapidité de ses études excuse. Heureusement qu'elle sut racheter ces défauts en demeurant très-française dans sa peinture, qui rappelle en même temps Nattier et Watteau.

Je passe à David en laissant de côté *la Mort de Socrate*, appartenant à M. Bianchi, qui n'est probablement que la seconde édition, non pas revue et augmentée suivant l'usage, mais réduite puisque le célèbre tableau, peint pour M. Trudaine, avait 6 pieds et parut au salon de l'Académie de pein-

---

(1) Notre collègue, M. Julien Gréau, en a un où elle est coiffée d'un simple fichu négligemment noué autour de la tête.

ture de 1787, tandis que celui-ci, qui n'a que 3 pieds, fut exposé par David au salon de 1791. La gravure a suffisamment fait connaître ce tableau qui reflète les sentiments philosophiques et emphatiques de l'époque, pour que je n'en parle pas. Je préfère m'arrêter devant les magnifiques portraits de la marquise d'Orvilliers et de la comtesse de Sorcy, qui sont tous deux signés : *L. David,* 1790. Le premier appartient à M. de Turenne, le second à Mme de Villequier. *La marquise d'Orvilliers,* vêtue de noir, est assise de face, dans une attitude pleine de naturel et avec le sourire le plus bienveillant. *La comtesse de Sorcy* est en robe de laine blanche, avec une écharpe de cachemire qui l'enveloppe à demi et réveille, par l'éclat de ses palmes et de sa bordure, la tranquillité des tons de ce costume sévère. Mais l'admirable tête couronnée comme d'un diadême de ses cheveux d'un blond cendré ! Les beaux yeux profonds et vifs ! Le beau buste ! Que son modelé est souple et ferme ! Et les mains, les bras nus, qu'ils sont naturellement croisés, que leur dessin est merveilleux ! La nature est encore la meilleure inspiratrice, et quand un maître veut la traduire, quelle grandeur il lui imprime et quels effets saisissants il en obtient ! Ces deux portraits, dans leur simplicité et leur familiarité exquises, sont des chefs-d'œuvre. On ne saurait plus les oublier, car ils réunissent la grâce des modèles au génie du peintre qui leur a communiqué son immortalité. David est ici plus héroïque que dans son tableau des Thermopyles.

Le Demarne de M. Rothan est un des plus étonnants tableaux que j'aie vus. Il représente *un Marché aux bestiaux.* Vous rappelez-vous la scène du Comice agricole de Gustave Flaubert, dont notre collègue, M. Victor Deheurle, nous a si spirituellement parlé un certain jour que ses auditeurs n'ont pas oublié ? Et bien c'est cela même. Tout est réuni sur la même place : marchands, acheteurs, fermiers, filles de campagne, chevaux, ânes, vaches, poules, dindons, sans compter les spectateurs. Ici, les grosses affaires qui se traitent gravement et à l'écart par les hommes. Là, les petits marchés dans lesquels interviennent les femmes qui parlent toutes à la fois et les enfants qui réclament, en criant, des gâteaux ou des jouets. Pêle-mêle, dans la cohue, les promeneurs qui viennent s'amuser. Là-bas, sur un coin de prairie, des tables pour les buveurs, des chanteurs en plein vent, des montreurs de phénomènes vivants ou empaillés. Tous les détails sont amusants, remplis de vérité et d'esprit d'obser-vation. Ils sont exprimés par une couleur vive, superficielle, brillante, où le sentiment de la campagne est remplacé par l'esprit du Parisien en villégiature. C'est Demarne, et il ne faut pas lui en demander davantage.

Je termine par les tableaux du plus grand poète du XIXe siècle, car son œuvre c'est la Grèce et ses dieux, avec les beautés et la noblesse de l'art antique. Où a-t-il appris à les connaître? Nul ne le sait. Il les a trouvées dans sa sensi-bilité, dans son âme. L'Antiquité, dans ce qu'elle a de plus pur, revit sous ses pinceaux. Ses créations ressemblent à des Théories dans lesquelles les marbres antiques s'animent et vivent.

Le duc d'Aumale avait envoyé l'étude de Vénus pour le tableau de *Vénus et Adonis* (1). On connaît cette gracieuse figure de Vénus regardant, avec un suave sourire, le chas-seur dont la vue a touché son cœur. Quel beau corps! Quelle pose charmante! Quelle expression de langueur amoureuse, dans la déesse qui entoure de ses bras Adonis, qui ne sait comment répondre à tant d'amour! L'étude du duc d'Aumale est achevée et digne du maître.

Prud'hon s'est beaucoup occupé, à plusieurs reprises, de la Fable de Psyché dont l'ingénieuse allégorie, imaginée par quelque platonicien et popularisée par Apulée, était faite pour séduire un esprit délicat comme le sien. En effet, l'âme

---

(1) M. Julien Gréau possède une répétition de ce tableau.

représentée par une belle jeune fille, aimée par l'Amour lui-
même, puis punie de son indiscrète curiosité par les souf-
frances et la mort que lui inflige Vénus; enfin, rendue par
le maître des Dieux à la vie et à l'Amour, pour donner le jour
à la Volupté, avait de quoi plaire à un artiste, chez qui la sen-
sibilité s'unissait au raffinement de l'esprit. Cette jolie légende lui inspira deux de ses compositions les plus exquises : *le Sommeil de Psyché* et *l'Enlèvement de Psyché
par le Zéphire*. Nous avons vu à l'Exposition des œuvres de
Prud'hon, organisée au mois de mai 1874 par MM. Eudoxe
et Camille Marcille, au profit de sa fille malheureuse, un délicieux dessin sur papier bleu, au crayon noir rehaussé de
blanc, de l'Enlèvement de Psyché. Il y avait aussi, à cette
exposition, le dessin du Sommeil de Psyché, appartenant à
notre ami M. Emile Galichon, ancien directeur de la *Gazette
des Beaux-Arts*. Et voici que M. le duc d'Aumale nous
montre une ravissante esquisse de ce tableau. Psyché, couronnée de roses, sommeille; elle entoure de son bras gauche
Cupidon, qui a déposé son arc et son carquois pour dormir
auprès d'elle. Un essaim de petits génies aux ailes de libel-
lules accourt en voltigeant doucement et contemple la jeune
fille qui est couchée sur une draperie bleue, en avant d'une
tenture rouge, sur le bord de laquelle glissent les pâles
rayons de la lune, qui modèlent dans la demi-teinte la tête et
le buste charmant de Psyché. Une draperie jaune enveloppe
ses genoux. Il se dégage de cette scène je ne sais quel parfum de grâce décente et de mystérieuse volupté que la jeunesse et la beauté des personnages rendent plus séduisante
encore.

Si nous avions vu à côté le tableau achevé qui fait aujourd'hui partie de la collection de Mme Hébert, et surtout
ce gracieux Zéphire (1) qui effleure l'eau de son pied et se

---

(1) De la galerie Somnariva, appartenant aujourd'hui à M. Val-
pinçon, ancien notaire à Paris.

balance au-dessus d'elle, que nous aurions trouvé que Prud'hon est un grand maître, un maître incomparable!

Quand le xviiie siècle, avec ses mœurs frivoles, ses modes légères, ses idées flottant des poésies fugitives du cardinal de Bernis à Voltaire et aux Encyclopédistes, de Gentil Bernard à *l'Esprit des lois* et au *Contrat social,* eut été rejeté définitivement dans le passé; quand l'âme et la pensée de la France eurent été renouvelées dans une révolution sociale, l'idéal des arts fut déplacé et il se rencontra deux hommes qui, avec des aptitudes opposées et des tempéraments contraires, essayèrent de ramener la peinture aux leçons de l'Antiquité.

L'un voulut remonter au génie antique, par Rome, qui était guerrière, qui fut toujours âpre, rude, presque barbare; les Horaces eurent ses prédilections, Brutus devint son idéal, ce fut David. L'autre, qui semblait porter dans sa tête les aimables fictions de la Grèce et le rayonnement de ses divinités, fit revivre leurs beautés délicates, que ses contemporains ne comprirent guère, ce fut Prud'hon. *C'est le François Boucher de son temps,* disait dédaigneusement de lui David. Il se trompait. Car son œuvre que nous venons de voir au palais des Beaux-Arts est un rêve. C'est le songe d'une nuit d'Ionie. Il s'en échappe comme les sons d'une harpe éolienne qui murmurerait les chants d'Anacréon. On croit y entendre en échos adoucis les chansons athéniennes et les accords émus de la Lyre de Sapho. Ce bruit léger, n'est-ce pas celui d'une Déesse qui passe? Le souffle de Zéphire? Le palpitement des ailes de l'amour? Les soupirs étouffés d'Hélène abandonnée? Dans les tableaux de Prud'hon, les Heures dansent leurs pas rhytmés, les Saisons couronnées se tiennent par la main. Les Muses revivent, Eros, Vénus, sont obéis, les jeunes hyménées s'avancent en portant les flambeaux sacrés. Vous voyez devant vous l'Ombre de la Grèce. C'est son doux génie. C'est la grâce immortelle de ses anciennes divinités et leurs caresses et leurs sourires. Tout y

est suave, tout y est éthéré. Le souffle et le rayon de l'amour
sont là. C'est la fraîcheur de l'aube matinale, la jeunesse
dans sa fleur, le sentiment dans sa note la plus tendre. Puis,
avec les années, les illusions s'évanouissent, le plaisir a perdu
son ivresse, la mélancolie se montre, la tristesse suit, le rêve
du bonheur s'envole, Psyché se transforme, elle n'est plus
que l'âme éprouvée par les combats de la terre. Elle se pu-
rifie et devient la Vierge sainte qui remonte au ciel. Et sur le
Calvaire de la vie, elle voit alors se dresser au milieu du
déchirement de la nue la croix du Christ, au pied de laquelle pleurent et sanglottent, comme les voix de l'humanité,
Marie et Madeleine affaissées dans la douleur. « J'ai besoin
» de dire que je souffre..... La seule douleur fait sentir la
» vie... oh! qui donnera à mon âme des ailes pour s'envoler
» au lieu de mon repos..... Adieu, adieu, soyez heureux,
» mes enfants (1). »

Tel est Prud'hon tout entier. Il n'a pas été classique dans
l'acception du mot, il a renouvelé l'Antiquité en lui prenant
ses figures. S'il a emprunté à la Mythologie ses Dieux, c'était
pour leur souffler la vie, leur communiquer son âme, les
animer de la pensée moderne. La forme était Grecque, l'art
est resté Français, et d'autant plus Français qu'insensiblement il s'est rapproché de la formule chrétienne et n'en est
plus sorti. On sait que la dernière œuvre de Prud'hon fut le
Christ en croix, tableau de l'effet le plus saisissant et le plus
pathétique, ce fut sa dernière pensée, puisqu'il mourut
avant de l'avoir achevé, et, disons-le aussi, sa dernière espérance : « Ne pleurez point mes amis, disait-il au moment
d'expirer, vous pleurez mon bonheur (2). »

———

J'ai fini ce compte-rendu qui est devenu plus long que je

———

(1) Lettres de Prud'hon à sa fille, *Passim.*
(2) Prud'hon, par Charles Clément.

n'aurais voulu. Il y avait tant à dire que je suis loin d'avoir épuisé le sujet. A notre collègue M. Emile Vaudé à le compléter, en nous parlant des maîtres modernes avec cette compétence devant laquelle je suis heureux de m'incliner.

J'ai dit avec une entière indépendance mon impression sur les tableaux que j'ai étudiés. Je les ai rattachés à l'œuvre de chaque maître en essayant de le caractériser et de rechercher quelle a été son influence sur l'art contemporain. Laissez-moi espérer que je n'aurai pas tout-à-fait abusé de votre temps, si j'ai pu démontrer que l'étude de l'art, dans ses manifestations multiples, a la même importance que celle de la littérature, puisqu'il est, comme elle, l'expression fidèle de son époque ; religieux quand elle est religieuse ; grand si le siècle est grand ; futile, prosaïque, lorsque les mœurs sont frivoles, les idées vulgaires.

La France, qui semble être entrée la dernière dans le domaine de l'art, lui doit depuis longtemps sa prépondérance. Son esprit l'a toujours entraînée vers les choses de l'art, puisque Jules César disait déjà des Gaulois, nos ancêtres, qu'ils étaient surtout enclins à la guerre et aux arts, *ad rem militarem et artes*. — Les peuples jaloux le savent et s'imposent de grands sacrifices pour nous enlever le sceptre des arts. Sachons lutter pour le conserver. Montrons au monde que si la force brutale a bien pu, pour un temps, abaisser la fortune de la France, il ne sera jamais donné à aucun effort d'éclipser son rayonnant génie.

Troyes, le 17 juillet 1874.

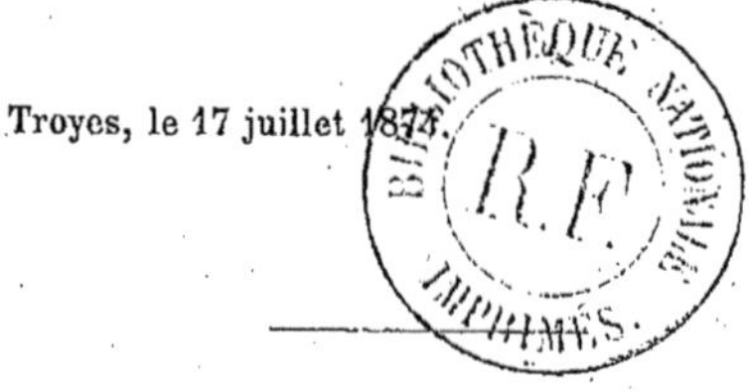

Extrait des Mémoires de la Société Académique de l'Aube

Tome XXXIX. — 1875.

IMPRIMERIE DUFOUR-BOUQUOT
D-B
TROYES